英単語？
忘れちゃった(汗

どうして日本人は英会話が

中高6年の英語教育の
成果はどこに？

受験英語って
なんだったの？ **できないの？**

英語を話せない日本人の謎

特別乗車券

英語の喋れない → 英語の喋れる
日本人　　　　　　日本人

経由

オンライン英会話スクール

思い立った日から即日有効

下車前途無効　　西方　毅 著
　　　　　　　　一藝社　発行

——まえがき——

突然ですが、外国人にいきなり英語で話しかけられる場面を想像してください。

"Excuse me?"

みなさんはどうしますか。すぐに "Yes?" と返事ができる人はどのくらいいるでしょうか。

「えっ」と驚き、慌て、手を振りながら "No. No." と言って照れ笑いする人、"I can't speak English." と言って立ち去る人……うまく対応できない人が多いのではないでしょうか。

"No, No" は、別としても "I can't speak." という答えはとても変です。"I can't speak English."（私は英語を話せません）と、「英語」で言っているわけですから。

逆に考えてみましょう。

みなさんが、外国で日本人らしき人を見かけ、「あの〜、すみません」と日本語で声をかけたとします。

残念ながら、その人は日本人ではありませんでした。ところがその人は、「私、日本語できません」と日本語で言って逃げてしまったのです。

みなさん、どう思いますか。「え？今、あの人日本語で喋ったよね？」と思いませんか。「日本語できません」と日本語で言うくらいですから、その人は、日本語が喋れるのではないでしょうか。

このように考えればわかりますが、"I can't speak English." と言える日本人は英語を話せるのです。

そう言うと、「"I can't speak English" なら言えるけれど、他の言い方を知らないから英会話はできない」という声が出てきそうです。しかし、本当に「それくらいしから知らない」のでしょうか。だから「英会話」ができないのでしょうか。

実はそれくらいしか知らないのではなく、ぱっと思い出せる言葉がそれ

くらいしかないだけで、頭の中にはたくさんの英語が眠っているのです。

　ですから、その英語が出てくるような練習をすれば誰でも英語を話せるようになります。もちろん、すぐにペラペラになるというわけではありません。でも、多くの方が短期間で簡単な英会話ができるようになります。

　ちなみに、"I can't speak English." という表現はあまり好ましくありません。"can't" と言う表現は、「"ABC" も言えない」と言うニュアンスを含んでいるからです。言うとすれば、「英語がうまくない」、"I don't speak English very well." が良いでしょう。

　この本は、その練習法、基本にある考え方をわかりやすく解説したものです。大脳生理学、心理学、社会学などの研究からわかった「英会話ができるよう」になるためのあれこれのヒント、様々な勉強法の長所と短所などを紹介し、入門者、中学生といった読者にとって英会話ができるようになるための道筋をやさしく解説しました。

　そして、「これなら絶対に英会話ができるようになる！」と言う究極の学習法、オンライン英会話学習法についても分かりやすく紹介しています。

　世界はどんどん交ざり合っていきます。他の国の人とのお付き合いは避けられません。どんなに外国人が苦手でも、近所や職場に外国人が入ってきます。江戸時代の「鎖国」に戻ることはできません。

　だったら、せめてうまく付き合うための知識を身につけ、そのための一つの手段として「英会話」ができるようにしておきましょう。

この本は、中学生、入門レベル、初級レベルといった方を対象とした「英会話学習法」解説の本です。そして、「ハウ・ツー」、つまり「こうすれば英語はペラペラ喋れる」と言った簡単な方法を紹介するものではなく、英会話ができるようになるための「考え方」を説明したものです。

2021 年 2 月 25 日

ASET 英会話スクール代表 西方 毅

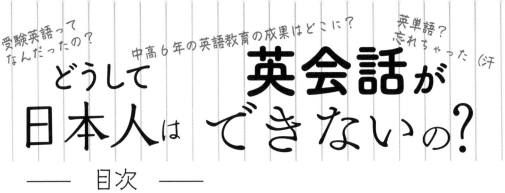

受験英語ってなんだったの？

中高6年の英語教育の成果はどこに？

英単語？忘れちゃった（汗

どうして日本人は英会話ができないの？

── 目次 ──

Chapter 4 英会話力を育てる方法〈理論編〉

Chapter 5 日本の英語教育に物申す！

Chapter 9 フィリピンという国、そして世界の英語教育

Chapter 10 これからの日本の英会話学習

Chapter 1

英語が喋れない日本人の謎!?

 # 先生、
英語が話せるんですか？！

　英語で外国人と会話ができる日本人はどのくらいいるでしょうか。

　この本を読んでいる皆さんの中で、「ええ、とりあえず話せますよ」とか「まぁ、多少は話せるかな」という方は少ないでしょう。だがたいていの方は、「私は英会話はできません」と言われるのではないでしょうか。

　筆者が学生を連れて海外研修旅行に行ったとき、成田空港でこんなことがありました。手荷物検査場で、私と学生の列の間に、外国人が一人挟まってしまったのです。そこで私は、この外国人に先に行ってもらおうと思い、「お先にどうぞ」と英語で伝えました。

　「お先にどうぞ」という言い方もいろいろありますが、そのときは"After you."と言いました。良く使われる表現です。その外国人はちょっと微笑んで、"Thank you."と言って、私の前に出ました。なんと言うことのない簡単なやりとりです。中学1年生でも知っているようなやさしい単語です。

　そのとき、私のすぐ後ろにいた学生が目を丸くして、「先生！英語が話せるんですか！？」と言ったのです。

　今度は私が驚きました。たった一言"After you."と言っただけなのです。ペラペラと会話したわけではないのです。たった一言二言話しただけで「先生は英語が話せる！」と驚かれたのです。

　確かに"After you."と言う表現は、学校では学びませんし、仮に知っていたとしてもとっさに口から出る人は少ないかも知れません。でも、それを知らなくても、「お先にどうぞ」と身振りで示して、"Please"くらいは言えそうです。しかし、それすら不意には出てこない人がほとんどです。

　そもそも、「英語で話す」と考えた段階で、「あ、私にできない」と、逃

！！！！！！！！！！！！！！！！！！！！！！！！！！

げ腰になってしまっているのではないでしょうか。中学校、高校と6年間も英語を勉強しているのに、です。

　これには、様々な理由があります。なかでも、学校の科目だから英語を勉強するという人が日本では多く、学んでいる間だけしか覚えていないという事情が大きいのです。

　国際交流が増えている現在、このような状況はどうでしょうか。

！！！！！！！！！！！！！！！！！！！！！！！！！！！！！！

英会話に対する間違った「思い込み」

　英会話や、英語で話すと言うと、日本人の多くの方は、「自分の言いたいことを英語でスラスラ話す」ことをイメージしてしまいます。実際はどうでしょうか。

　会話とは、相手と自分の考えを伝え合うことです。英語を使うとはいえ、言いたいことさえ伝われば、おぼろげにでも相手の言葉が理解できれば、「英会話」になります。難しいことではありません。

　あなたが東京の新宿駅の前に立っていたとしましょう。そこに外国人が来て駅を指して、"Shinjuku station?" と尋ねました。あなたは "Yes." と答えます。するとその人は "Thank you." とにっこりしました。あなたは、そこで "You are welcome." と答えるか、それがパッと出てこなければ、手を振ってにっこりすればいいのです。これも英会話です。

　海外旅行先でスーパーマーケットに行きたい。でもどこにあるか分からない。そんなとき、どう尋ねたら良いでしょう。一番簡単なのは、"Supermarket? Where?" と単語を並べることです。

　と言うと、「ええっ！そんな英語、恥ずかしい！」と言う人が多いでしょう。しかし、これで十分通じます。英語でコミュニケーションができるのです。これもまた、立派な英会話なのです。

　実は、日本人が英語を話せない最大の理由は、この「正しい英語で話さないと恥ずかしい」という意識です。この意識が「英語の話せない日本人」を作り出しているのです。

　日本語を話す外国人を見るとそのことがよく分かります。日本語を学び始めた外国人は、下手な日本語でもあまり気にせず話します。間違ってい

ても恥ずかしがりません (個人によっては、日本人ほどではなくても恥ず
かしがる人はいます)。

　これが大切なのです。知っている単語だけでもつないで、伝えたいこと
を表せばいいのです。相手がペラペラと喋って聞き取れない時は、"Pardon?"
と言えば良いのです。"Pardon?" が出てこなれければ、日本語で「え？
え？」でも良いのです。相手も簡単な単語だけで言い直してくれます。

　英語で会話するということは、格好良く英語をペラペラと話すことでは
ありません。言いたいことを英語で何とか伝え、相手の言っている英語を
少しでも理解し、やりとりできれば良いのです。

　こう考えると、ちょっと練習するだけで、英会話は誰でもできるように
なります。

筆者の英語ひとり言 キャベツでコーヒーは飲めません！

　フランス・パリで生活を始めたある日、コーヒー用の砂糖を買いにいきま
した。フランス語で "sucre" です。食品店内を探しても見当たりません。尋
ねました。「シュクル シルブプレ（砂糖下さい）」、すると、「パルドン ムッシュ？
（え、何ですか）」。通じません。次の店に行きました。やはり通じません。7
軒目で、人の良いおじさんが何回も聞き返した後ぱっと顔を輝かせて、「ビャ
ン、ボワラ、ムッシュ！（分かった、ほらどうぞ）」。どんと、テーブルに置い
たのはキャベツでした。キャベツは "chou"「シュー」です。

　その日は苦いブラックコーヒーを飲みました。

　"sucre" は口をとがらせて「シクル」と言う感じで発音。 英語も日本人に
は発音は難しいのですが、フランス語は、発音がさらに難しいのです。

中学校3年間に学習した内容で ほとんどのことは言える！

　"Where? Supermarket?" なら、すぐに理解できますよね。ところが、中学校の終わりまでには、「彼は野球をしている少年を見た」といった複雑な表現も学びます。この文を英語で表現するとどうなるか覚えていますか？

　　"He saw a boy who was playing baseball."

　いわゆる「関係代名詞」と言う文の形です。こんな難しい文も中学校で勉強するのです。他に、中学校では次のような文型も学習します。

　① be 動詞の文

　　　He is a teacher.　　Are you Taro's friend?

　　　（彼は先生です。　　あなたはタロウの友だちですか？）

　② 一般動詞の文

　　　She likes dogs.　　What do you have in your hand?

　　　（彼女は犬が好きです。　あなたは手に何を持っていますか？）

　③ 助動詞の文

　　　Michi can speak French.　　I must study hard.

　　　（ミチはフランス語を話せます。　私は一生懸命勉強しないといけません）

　④ それぞれの動詞の過去形と未来形

　　　She was a high school student.　You went to Hokkaido last week.

　　　（彼女は高校生でした。）　（あなたは先週北海道に行きました。）

！！！！！！！！！！！！！！！！！！！！！！！！！！

John will come home tonight.　He will cook his dinner tonight.

（今夜、ジョンは家に帰るでしょう）　（彼は今夜、彼の夕食をつくるでしょう。）

⑤ 疑問詞

who	what	where	when	why	which	how
（誰が）	（何が）	（どこで）	（いつ）	（なぜ）	（どちらの）	（どうやって）

　これだけの文型を知っていれば、あとは必要な単語さえ覚えるだけで、ほとんど何でも英語で話せます。

　かつて、NHK ラジオ英会話講師を 21 年間つとめ、「英会話の神様」とまで称された松本亨先生は、「中学校の英語の教科書の巻一と巻二さえ全部暗記してしまえば、英語に出てくる基本的な文章の構造はたいてい覚えてしまえる」(http://snbrand.com/?p=2229) と述べています。

　これだけの知識を持っているのですから、後は自分に必要な単語を覚えれば英会話は十分可能です。邪魔しているのは、「英会話は英語でスラスラ話すこと」というイメージと、「そんな恥ずかしい言い方はできない」、「間違ったら笑われる」という意識です。それさえ乗り越えれば、英語は話せます。

　必要なのは、話す経験をすること、たどたどしくても間違っていても、とにかく何とか話そうとする姿勢です。それさえあれば、中学、高校と6年間も英語を勉強してきたのですから、英会話は、誰でも必ずできるようになります。

!!!!!!!!!!!!!!!!!!!!!!!!!!!!!

日本人が英会話をできない 他の理由

「外国人」と話す機会がない

　日本には外国人が293万人ほど住んでいます（2019年6月現在）。中国、韓国、ベトナム、フィリピンなどからの人が多く、米国人は、6万人弱、ヨーロッパ全体から8万1千人、アフリカから1万7千人程度です。

　「英語」を話しそうな外国人（欧米・アフリカなどの国の人々）は、全部で約15万人です。日本人全体が1億人もいる訳ですから、とても少ないですね。これでは、「英語で話す」必要を感じないのも無理はありません。逆に、英語で話したいと思っても、近くに外国人はいないのです。

英語が話せなくても困らない

　最近では、日本人でも海外に出かける人が増えました。2019年1年間だけで、2010万人の人々が海外に行っています（日本政府観光局）。すごい数字です。

　でも、その多くは団体で観光旅行していると考えられます。旅行には日本人ガイド、または日本語を話す現地のガイドがつきますので、「英会話」なんかできなくても問題はありません。

「恥ずかしいから」「どうせ通じないから」

　日本人は「恥をかきたくない」、「失敗したくない」ために、外国人に話しかけることができません。がんばって話しかけても、ついつい声が小さくなってしまいます。声が小さくて聞き取れなかった外国人が「え？」という顔をすると、「ああ、やっぱり通じない」と、自信を失います。その結

！！！！！！！！！！！！！！！！！！！！！！！！！

果、初めから話しかけようとしなくなります。

　「日本人は英語が話せない」と嘆くと、「話せなくても困らない」「日本に
いれば、英語は必要ない」という声が聞こえてきます。どうなのでしょう。
英会話の勉強は、日本人には必要ないのでしょうか?

【表1】 日本居住外国人
日本居住外国人 (2018 年各地域、上位 10 ヶ国)

アジア

中国	764,720
韓国	449,634
ベトナム	330,835
フィリピン	271,289
ネパール	88,951
台湾	60,684
インドネシア	56,346
タイ	52,323
インド	35,419
朝鮮	29,559

ヨーロッパ

英国	17,943
フランス	13,355
ロシア	8,987
ドイツ	7,370
イタリア	4,430
ウズベキスタン	3,746
スペイン	3,368
ルーマニア	2,320
ウクライナ	1,855
スウェーデン	1,757

アメリカ大陸、オセアニア

ブラジル	201,865
米国	57,500
ペルー	48,362
オーストラリア	11,406
カナダ	10,713
ボリビア	5,907
ニュージーランド	3,501
アルゼンチン	2,933
メキシコ	2,696
コロンビア	2,428

アフリカ

ナイジェリア	3,025
ガーナ	2,341
エジプト	1,931
南アフリカ共和国	942
ケニア	763
セネガル	712
カメルーン	692
ウガンダ	642
モロッコ	610
チュニジア	604

Chapter 2

英会話って本当に必要なの？

英語を話すことは一生ない？

　日本では、英語を話しそうな人が周りにいません。英語で話しかけられることもほとんどありません。海外旅行に出かけても、多くの海外ツアーは日本語の分かるガイドがついているので、旅行先でも英語を話すことはほとんどないでしょう。

　しかし、旅先で少しでも英語が話せたらどうでしょう。片言でも話をすると、現地の人は親しみを見せてくれます。土産物屋で「高いね」、「安くして」などと片言で交渉するのも楽しいものです。難しいことはありません。ちょっと顔をしかめて、"Expensive!"（高い！）その後、ニコニコしながら"Price down. Price down!"（値下げして、値下げして！）と言えばいいのです。結構まけてくれます。

　また、昨今では、東南アジアを筆頭にインド、アフリカといった開発途上国から仕事で来る外国人も増えています。そうした人々のうち、かなりの人が英語を話します。仕事で来る外国人は日本語の研修を受けるので良いのですが、その家族は日本語を話せないことがしばしばあります。しかし、英語ならそうした外国人労働者の家族にも通じることが多いので、医療関係者、行政関係者、学校関係者に英会話の能力はとても役立ちます。

　また、facebook や Twitter、skype、LINE など SNS の発展は、海外との交流の機会を大幅に増やしました。日本国内だけでも良いのですが、海外と交流ができれば楽しみは増えます。簡単に世界の人々と友だちになれるのです。

英語を生かせる仕事は少ない？

　2020年現在、日本の多くの会社では英語を必要としません。英語を使うのは、海外とやりとりをする担当者くらいです。

　2019年TOEICの「英語活用実態調査」によると、英語が社内での「公用語」になっている企業が528社中3.6%、「英語は海外との取引がある部署だけで使われる」企業が61.0%、「社内で英語を使うことはない」企業が5.5%となっています。ただし、この調査は、回答企業の80%以上が大きな企業（社員が300人以上いる企業）で、回答数も多くはありません。

　では、実際の現場で、英語はできなくても困らないのでしょうか。

　実は、「英語を必要とする」、あるいは社内での配属などに「英語ができる」ことが重視されるようになりつつあります。先の調査で、「人材採用時、配属部署の決定や異動時に、一定の英語能力が求められる」という回答は、2019年では18.0%ですが、3年後の予測では、何と36.7%と、2倍にまで増えているのです。企業は、英語の能力を人事評価に反映させつつあります。

　さらに、2019年に始まった新型コロナウィルスの流行は、「リモートワーク」と言う新しい形のワークスタイルを広げました。この形の働き方は、働く場所を選びませんし、インターネットを通じてつながりますから、海外への仕事の広がりも容易になります。そしてインターネットは、英語が共通語の世界なのです。

　観光業、運輸関係者、医療関係者、公務員や銀行員などでも、すでに英語で対応せざるを得ない場面が増えています。「英語ができる、英会話ができる」ということは、就職の機会を広げる効果があります。「英会話」は「受験のための勉強」から「仕事や社会生活で役立つ」ものになりつつあるのです。

！！！！！！！！！！！！！！！！！！！！！！！！！！！！！！！

コラム　どの言語が一番役に立つ？

　世界で最も話す人の多いのは、どの言葉でしょう。「英語」？
違います。正解は、「中国語」で言語人口は約8億8千万です。次
が英語で約4億人。そして、スペイン語、ヒンディー語、アラビ
ア語と続きます（表2）。

　さて、それでは、その国の公式な言葉、「公用語」で多いのは、
どの言葉でしょう。これは「英語」で、世界の59ヶ国が使ってい
ます。次が「フランス語」で「アラビア語」、「スペイン語」、「ポ
ルトガル語」、「ドイツ語」の順になります。一方、使う人数が一
番多かった中国語は、3ヶ国が使っているに過ぎません（表3）。

　この2つの表を見ると、いろいろなことが分かります。

　中国語を使う人が多いのは、「中華人民共和国」の人口が多いこ
とによります。使う国は「中華人民協和国」、「中華民国」そして「シ
ンガポール」です。ただ、シンガポールでは、中国語は4つある
公用語の一つです。

　一方、多くの国で使われている言葉にはヨーロッパの言葉が多
くなっています。理由は分かりますか？これは、16世紀〜18世
紀の「植民地」に由来しています。アフリカやアジアの国々の中
で「英語」を公用語としている国々は昔、イギリスの植民地だっ
た国々です。同じように、スペインやフランス、ポルトガル、ド
イツなどの植民地だった国々は、それぞれの言葉を公用語にして
います。

　さて、それでは、どの国の言葉を身につけたら良いでしょうか。
できるだけ多くの国に行ったり、友人を作ったりしたいとなると、
やっぱり「英語」でしょうね。もちろん、自分の関心の持てる言
葉を勉強するのが大切ですし、身につきますけれど。

【表2】使う人口の多い言語（外務省調べ）

順位	言語	人数（億人）
1	Chinese（中国語）	8.8
2	English（英語）	4
3	Spanish（スペイン語）	3.3
4	Hindi（ヒンディー語）[1]	2.4
5	Arabic（アラビア語）	2
6	Portuguese（ポルトガル語）	1.8
7	Russian（ロシア語）	1.7
8	Bengali（ベンガル語）[2]	1.7
9	Japanese（日本語）	1.3
10	German（ドイツ語）	1

1）Hindi インド公用語
2）Bengali バングラデシュ、西インド
資料によって、話者の数え方が異なるために、ここでは外務省の資料から引用した

【表3】公用語としている国の数（Word Atrass）

順位	言語	国
1	English（英語）	59
2	French（フランス語）	29
3	Arabic（アラビア語）	27
4	Spanish（スペイン語）	21
5	Portuguese（ポルトガル語）	9
6	German（ドイツ語）	6
7	Berber（ベルベル語）	5
8	Swahili（スワヒリ語）	5
9	Serbo-Croatian（セルビア・クロアチア語）	5
10	Russian（ロシア語）	4

注）Chinese（中国語）13位　3カ国
　　Berber（ベルベル語）はモロッコなど、北アフリカの公用語

英語は学校でのお勉強？
日常生活には関係ない？

　日本人が英語の必要性を感じないのは、この国の英語教育の歴史にも原因があります。

　明治維新により、西欧文明を取り入れる必要性が強く感じられました。江戸時代250年間の鎖国によって、日本の科学技術は西欧に遅れていたからです（もちろん、電気を研究した平賀源内や独自で数学を勉強した関孝和など、優れた学者や研究者はいました）。

　そこで政府は、日本の各地に官立の学校を設立するように、すべての科目を、雇用した外国人講師に担当させたのです。授業をすべて英語でやるわけですから、意図せずして実用的な英語教育が行われたのです。一部のエリートのみとはいえ、日本にもそういう英語教育の時代があったのです。

　明治10年代になると、日本全国で学校が設立され、日本人講師が科目を担当するようになりました。その結果、授業も日本語で行われるようになったのです。この頃から、日本の英語教育は、文法学習、翻訳中心の教育に変わってきました。

　こういった教育の特徴は、日本の地理的な特徴を反映したものです。「海外」という言葉が示すように、日本人にとって、他国は遠い「海の外」にあったのです。そんな国々と接する機会はほとんどありません。読み書きが多少でもできれば十分です。

　ヨーロッパでは、自国語以外に他の数カ国の言葉を話せる人が少なくありません。他の国と地続きであり、様々な交流があることが大きな理由です。

　植民地であった国々では、支配層であるヨーロッパ人の話が理解できないと仕事ができません。そのため、過去の宗主国の言葉（英語、スペイン語、

フランス語など）を話す必要から、学校教育も実際的な「会話」を取り入れたのです。

　こうしてみると、海外との接触も少なく、植民地になったこともない日本人が外国語について、「聞く」、「話す」必要を感じず、「教養」程度に捉えたことは当然であったと言えましょう。

　さて、現代です。さまざまな交通網が世界中を結び、外国を直接に結びつける通信網が個々の家庭にまで張り巡らされた今日、時代は大きく変わりつつあるのです。

筆者の英語ひとり言　「右側」？　「明るい方」？

　日本人がうまく発音できない英語の音には "r" や "l"、"w"、"th" などいろいろあります。日本語にない音ですから無理もないのですが、うまく発音できないと意味が通じない時があります。

　たとえば、「右側に ("on the right side")」と言ったつもりが「明るい側に ("on the light side")」と、受け取られると意味が通じなくなります（「明るい側」は、普通は "on the bright side" と言います）。

　日本語では、「ル」と言う発音は、声を出す瞬間、舌ではじけるような音が出ます。英語の "r" は、舌が口の中のどこにもくっつきません。反対に、"l" は、舌が上の歯の裏側にくっついたままです。

　後のコラムで発音の仕方について説明します。練習してみて下さい。

！！！！！！！！！！！！！！！！！！！！！！！！！！

自動翻訳機があるじゃない?

　現代は、さまざまな場面でコンピュータが使われています。語学の分野でも「電子辞書」などは早くからありましたが、最近は「自動翻訳」も発展してきました。たいていのことは、機械に通訳させてコミュニケーションをすることができます。

　実際にそれを使っている人が増えています。数万円で販売している携帯翻訳機が、日本の主な鉄道会社、バス会社、航空会社、観光関連会社などで導入されています。東京都内のタクシーの運転手にも利用者がいるそうです（正式な統計はない）。外国人旅行者が激増していますから、観光地の土産物店などでも導入しているものと思われます。

　安くて小さい、楽に使える翻訳機があれば、苦労して英会話を勉強しなくても大丈夫、と言いたくなりますが、どうでしょうか。

　この考え方にはいくつか問題があります。

　まず、翻訳機のトラブルです。機械ですから、どこか壊れたり、電池が切れたりすることは必ず生じます。海外旅行中に、翻訳機のトラブルが起きたらどうしますか。

　それに、紛失ということもあるでしょう。盗まれることもあります。これは最悪ですね。海外で盗まれたら、警察に行って、何語でどうやって伝えたら良いでしょうか。

　その前に、警察までどうやって行ったら良いでしょう。タクシーの運転手に何と言ったら良いでしょう。絵を描いて説明しますか。ジェスチャーで伝えますか。うーん、とても無理でしょうね。

　こう考えると、海外旅行などでコミュニケーションを機械に頼るのはど

!!!!!!!!!!!!!!!!!!!!!!!!!!!!!!!!!!!

うでしょう。片言であっても英語が話せる方が安心です。英会話能力は、機械と違って故障することも、紛失することもありません。

　なお、英会話に限らず、「翻訳機能」はすでにインターネットでも広く使われています。「Google 翻訳」などが代表的です。これはやってみると分かりますが、新聞記事などのようにきちんとした文章はきれいに翻訳できますが、「会話文」などでは奇妙な訳をすることがあります。一度試してみることをお勧めします。

コラム 自動翻訳の現在

　「作文」(Composition) の宿題で、日本語で作った文をインターネットの自動翻訳ソフトで英語に訳して提出する高校生がかなりいます。筆者が行った調査でも、大学生10人中2、3人は「やったことがある」と答えていました。

　そこで、授業の一環として、学生たちに適当な文章を「日本語」→「英語」→「日本語」と訳して、最初の日本文と翻訳された英語を再翻訳した日本文を比べさせてみました。実験後、学生たちは、「最初の文に戻るかと思ったら、まったく違う、意味が全然分からない文になった」と驚いていました。

　2010年頃の話です。2020年現在はかなり改良されており、翻訳の精度は上がっています。参考までに、Google翻訳で、次の例文を日本語→英語→日本語と翻訳させたものを記載しておきます。（2020年6月）

[元の文]

　はっきり言っちゃ悪いから、遠回しに「うん、まぁ、それも良いけれどね」ってさりげなく言ったんだ。でも、あいつにはわかんなかったみたいだ。

[日本語→英語→日本語の文]

　はっきりとは言わなかったので、謙虚に「うん、まあ、それもいい」と言った。しかし、彼は知らなかったようです。

　表現が微妙に変わっていますが、だいたいの意味は通じます。これが現在のレベルです。

　ただし、人工知能の発展は急速です。近い未来にはインターネット接続も必要なく、コンパクトで、多言語による会話を同時通訳できる機器が出現する可能性は十分にあります。

言葉は世界の文化の違いを反映する！

　英語を学ぶと、日本の文化や世界の文化について、さらに深く理解できるだけではありません。他にも「自分の国の言葉について理解が深まる」、「他の国についての知識が得られる」といった効果があります。

　例を挙げましょう。

　次の文をしゃべっているのは男子でしょうか、女子でしょうか。

「オレさぁ、期末テスト悪くてさぁ、オヤジに怒られたんだよなぁ」

　これは、男子言葉ですね。もっとも、中学校、高等学校の女子がたまにこういう言い方をすることはありますが、例外です。

　日本語には、こういった男言葉、女言葉というものがあります。

　その他、日本語特有の表現に敬語があります。これらは、上下関係を表す言葉です。また文体にも、「～だ、～する」と言う「常体」、「～です、～します」と言う「敬体」などもあります。こちらは、相手との関係によって使い分けられます。こう考えると、日本語は、相手との関係によって精密に言葉を使い分けなければならない、難しい言語と言えるでしょう。

　一方、英語にも丁寧な言い方などはあるのですが、日本語ほど明確な男言葉、女言葉や、上下関係を示す言葉はありません。また、先生のことをファーストネームで呼ぶなどは、日本ではとても考えられません。

　このように、英語を学ぶと、それと比較して日本語の特徴も分かります。また、その言葉の背景となっている日本と欧米の文化や社会の違い、上下関係、社会関係にうるさい日本の人間関係と、それほど気にしない欧米社

会の人間関係の違いも分かります。もっとも、受験英語では、こんなことはあまり教えません。もったいないですね。

英会話ができると世界が広がる

　日本人の「国際交流」についての意識、そしてそれと英語との関連について、少し詳しく述べてみたいと思います。

　日本は、今から150年ほど前まで、世界から孤立していました。「鎖国」です。この間に、日本は世界の発展から取り残され、江戸幕府の末期には当時の先進国・欧米より数十年以上は遅れていました。

　例えば、蒸気鉄道は、1870年前後には欧米の各地で敷設が始まっていますが、日本は1930年の開業で50年以上遅れていたわけです。また、「ガス灯」が欧米で普及し始めたのが1800年代の初め頃です。一方、日本で最初のガス灯が設置されたのが1870年代です。70年の遅れです。

　蒸気鉄道は、人々の移動を盛んにし、ガス灯は、夜間の活動を可能にしました。欧米はそれによって経済や文化が発展し、人々の暮らしが豊かになったのです。日本はこの点でかなり遅れてしまったのです。

　明治維新以降、日本は諸外国の知識、技術の習得、導入を急ぎ、幸いにも早期に工業化に成功しました。その結果、日本は先進国の仲間入りすることができたのです。

　なお、日本の目覚ましい発展の背景には、一般庶民の教養の高さ、決まりを守る意識の高さ、勤勉な性格などがありました。

　こういった日本人の資質と、海外の知識・技術を積極的に取り入れ、日本を近代国家に育てようという政府の方針、当時の世界の情勢などにより、日本の近代化の成功があったのです。

　ここで特に強調しておきたいことは「海外との交流」です。他の国と行き来し様々な知識をやりとりすること、作物や製品を交換し合うこと（貿易）

など、様々な国際交流活動があったからこそ日本は大きな発展を遂げることができたという点です。

　さて、現代はどうでしょう。日本は鎖国をしていません。しかし、現代の日本人の多くは、それほど世界の動きに関心があるようには見えません。そのことは、「世界にはばたかない日本の若者」（P154）というコラムで取り上げています。日本の若者は、中国や韓国に比べても、海外への関心が低いようです。それは、若者だけではなく、日本人一般に言えるように思います。

　筆者の関わっているケニアでも日本人は多くはいません。外務省の統計によると、在ケニア日本人は全土で約700人だそうです。観光客は多いかも知れませんが、現地で活動している日本人は少ないのです。

　ところが、人口が日本の半分以下の韓国人は日本人と同じくらいの人数がケニアで活動しています。中国人に至っては約50,000人も活動しているのです（Wikipedia英語版より）。

　日本は、自動車や電気製品の評価は世界トップクラスです。「トヨタ」、「ソニー」などは、ケニアで知らない人はいないくらいです。しかし、その製品を送り出している国、日本の人々の姿は、ケニアではほとんど見かけないのです。

　これでは、海外との交流とは言っても、物と物の交流、お金の交流でしかありません。こう言うと「海外にわざわざ行く必要はない。日本にいても海外のことは十分に分かる」という人もいるでしょう。確かにそれはある意味では正解です。テレビなどで映像付きの情報が日本中に溢れていま

すから、日本にいても海外のことを知ることはできます。

　しかし、現地に行って、その国の街や自然に触れ、現地の空気を呼吸する。そして、現地で買い物をし、食事をし、現地の人々と交流する。そういった体験をすると、単なる読書やテレビ視聴で得られない、奥行きの深い知識、いわば「立体的な」知識が得られます。同時に、自分の国のあり方を振り返る機会にもなります。

　他の国には、何よりも日本とは異なる自然があり、日本と異なる空気があります。建物も、人々の姿も異なります。聞こえてくる言葉も、街の雰囲気も異なります。それは、テレビやインターネットでは得られない体験です。また、様々なショック体験もあります。

　例を挙げると、街中にゴミが散らかっていることです。パリは路上のイヌの排泄物が至る所に落ちていますし（最近は罰金が徹底して、排泄物の放置は減少しているそうですが）、駅の構内にゴミが散らかっていることもあります。途上国になると、道路がゴミだらけというのが普通です。

　他にもたくさんのショックな体験があります。イギリスやフランスなどであっても、電車やバスの時刻表はあまりあてにできません。数分から数十分の遅れさえ珍しくありません。夜は危険なので女性に限らず男性でさえ一人歩きを避ける方が無難です。日本人の観光客が騙されて高いお土産を買わされるなどしょっちゅうです。

　こんなことを知ると、何と日本はすばらしい国なのだろうと思います。日本はとても清潔な国です。道路にゴミは散らかっていません。几帳面で、電車は時間通りに来ます。犯罪が少なく、夜中に一人で歩いていても、繁

華街でも危険を感じることはあまりありません。

　反面、欠点もあります。日本は、「他の人と同じ」であることが過度に強調される国です。そのため、「空気を読むこと」が要求されます。「他人」を強く意識し、迷惑をかけることを避けます。それは良い面もあるのですが、コロナ禍で見られた「自粛警察」のような、「他人に迷惑をかける人」を許さない傾向にもつながります。

　コロナウィルスに感染し、回復した人がそのことを周りの人に言えないなどの出来事は、他の国から見たらとても「変」なことなのです。海外の多くの国では、「コロナにかかったけど良くなった」という人がいると、周囲の人々は「良かったね〜」と一緒に喜びます。こちらが世界では「普通」なのです。

　外国に行ったり、外国人と交流したりすることでその日本の特殊性、誇るべき長所、考えなければいけない問題などに気づきます。これは世界と交流しなければ分かりません。そして、このような「実際の体験に基づく」外国の理解、そして自分の国の理解、言い換えれば、「体験的国際理解」は、今後ますます必要になっていきます。

　そんなわけで、ぜひ多くの人に、特に未来の日本を担う若い人たちに他の国に対する関心を高め海外に出かけて世界の人々と交流して欲しいと思うのです。

！！！！！！！！！！！！！！！！！！！！！！！！！！！！

Chapter 3
英語にまつわる誤解と思い込み

「言い方」を知らないから
英会話はできない？

　日本人が英会話ができない理由の一つに、「何と言って良いか、分からない」、「言い方を知らない」と言う意識があります。レストランでの場面を考えてみましょう。係の人がきて、「ご注文は」と待っています。

　あなたは「魚のフライにポテトチップを添えて下さい。それにパンとジュースも一緒に」と言おうとします。さて、何と言ったら良いでしょうか。

　こんな場面で多くの人が、"I would like … "えーっと、魚のフライって、fried fish かな。で、パンとジュースも一緒にって　…　あ、分からない」となって...「恥ずかしい、どうしよう」となって...　「私には英語なんて話せない」と苦手意識が生じます。

　言い方を知らなくったって良いじゃないですか。"fish, fry, OK?" と言って魚が泳ぐような手振りをして、フライパンでジュージューと身振りで示し、"Bread. Juice. OK?" はい、これで通じます。実はこれ、筆者が中国で実際にやった方法なのです。発音が違うせいか、文で言っても通じなかったので、最後は単語とジェスチャーで（笑）。

　「英会話」と身構えるから話せなくなるのです。単語とジェスチャーで、「英語を使ったコミュニケーション」をすれば良いのです。筆者は、これを「単語会話」（単語を数個並べる会話）と呼んでいますが、これならば、たいていの人が「英会話」ができるはずです。

　この時に、前の節で挙げた「恥ずかしい」が働くと、「英会話」不能人間になってしまいます。もちろん、正しい英語をスラスラと話せるとかっこいいですし、それを目指すことは良いことです。でも、最初からスラスラ話せる人はいません。「単語会話」、「間違い英語」で良いから、コミュニケー

！！！！！！！！！！！！！！！！！！！！！！！！！！

ションしていると、次第に正しい言い方も覚えますし、ぱっと出てくる単語も増えます。

　「きちんとした言い方をしよう」と言う気持ち、そして、「間違ったら恥ずかしい」という意識を抑えましょう。「その内上手になるからいいんだ」と、平気でいろいろ話してみましょう。そうすれば、あなたは明日からでも英会話ができるようになります。間違っても、単語会話（赤ちゃんの一語文、二語文）であっても、大きな声ではっきり言えば、相手は何とか分かろうとしてくれます。笑われたら一緒に笑えば良いのです。

筆者の 英語ひとり言　片言だって喧嘩はできる！

　グアム島で、ホテルの外でもらったチラシを見て現地料理の店に行きました。「Welcome! 歓迎！」と日本語表示。ちょっと怪しい気もします。

　メニューを見て 15$ の料理を注文。念のため、"This one, this one! OK?（これだよ、これ。いいね！）" とメニューを指して何回も確認しました。

　しかし出てきたのはすごい料理。ロブスターだのステーキだの……。そしてウェイターの持ってきた請求書には、しっかり "30$" とありました。ウェイターに、"No! No! This one. This one!" と 15$ のメニューを指して主張しました。すると「あ、間違えた。でも食べたのだから 30$」とか何とか言います。そこで、「これだよ、これ！」"This one! This one!" と強い口調で繰り返しました。他の客 (日本人が多かったです) も見ています。とうとうウェイターは "OK." とぶっきらぼうに 15$ 受け取ったのです。

　ごまかしなんかに負けてたまるか。片言だって喧嘩はできる！

　（状況によっては危険ですし問題になります。用心深く喧嘩しましょう（笑））。

英語の「口語表現」を知らない
から話せない？

　前の項と関連しますが、英語会話には特別な表現があると考える人がいます。確かに特別な表現はあります。

　たとえば、"You got it." これは、直訳すると「あなたは、それを得た」という意味になり、なんのことか分かりません。これは「了解しました」、あるいは疑問形なら「分かった？」という意味で使われます。これは、知っていないと分かりません。他にも、" No way."（嘘でしょう）とか、"You make it. "（うまくやったね）など、特別な表現は数多くあります。

　しかし、実は、こんな表現を使わなくても英会話はできます。

　たとえば、"You got it." と言われて分からなければ、"Pardon?" と言えば、相手は、他の表現で言ってくれます。それでも分からない時には "Sorry?" と言えば、もっと分かりやすい英語で言ってくれます。最後の最後には「単語」で言ってくれます。

　話す場合も同様です。格好良く "You got it." と言えれば、それはそれで良いのですが、知らなければ "OK." で通じます。同じように、"You make it." とか "No way." だって、"Good."（いいね）とか、"Really?"（ホント？）で言いたいことはだいたい分かってくれます。

　ある程度英語が話せるようになれば、英米人が日常生活で使うような英語らしい表現も良いでしょう。しかし、初心者は、そんな「こなれた」「かっこいい表現」を知らなくても構いません。　理解できなかったら "Pardon?" です。そして、知っている言葉、簡単な単語で話せば良いのです。最後には、「ジェスチャー」とか、「絵を描く」という強力な方法もあります。

　筆者は、ケニアで蚊取り線香を買おうとして英語が通じなかった経験が

Chapter3 英語にまつわる誤解と思い込み

あります。「蚊取り線香」という単語を知らなかったのです。困った店員二人は顔を見合わせています。そこで、筆者は、手を広げて「プーン」と言いながら、蚊が飛ぶかっこをして、指で蚊取り線香の形を作って見せました。二人の店員はゲラゲラ笑いながら、蚊取り線香を出してくれました。

　大切なことは、「相手と理解し合う」ことなのです。「恥ずかしい」と言う気持ちはどうしても湧くのですが、「その内上手になるから」と割り切って、大きな声で話しましょう。本当にその内上手になりますから。

筆者の 英語ひとり言　え、どういう意味？？？

　日常生活の中で使われる慣用的な表現というのがあります。日本語で言えば、「やってられないよ」とか「よろしくお願いします」などです。英語に訳すのがとても難しいのです。英語でもそうした慣用表現があります。次の例文はやさしい単語しか使われていませんが、意味は分かりますか？

1)　Let's call it a day.
2)　Why do you have the long face?
3)　When pigs can fly.

全部分かった人は、すごいですね。答えは下記の通りです。

1)　今日は終わりにしよう。　2)　浮かない顔してるね。　3)　まさか。

　知らなくてもがっかりする必要はありません。知らなくても英会話は十分できますし、こういった表現もだんだん覚えていけば、いつかペラペラ話している自分に気づきますよ。

！！！！！！！！！！！！！！！！！！！！！！！！！

正しい発音でないと通じない？

「発音が正しくないと通じない」と思い込んでいませんか？　筆者は九州の宮崎県都城市出身ですが、この地域の音声言語には面白い特徴があります。「単語のアクセントがあまりない」のです。

「カキ」という音を聞いた時、それが、「柿」、「牡蠣」、「垣」のどれを指しているのかすぐに分かりますか？　ほとんどの人は聞き分けられるでしょうが、筆者にはまったく区別ができません。都城出身者の特徴です。

では、筆者が東京で話が通じなかったかというと、問題なく通じました。「カキは、うんと熟した方がおいしいよね」と言えば、都城アクセントであっても、「柿」のことであると分かるのです。

英語でも同じです。発音やアクセントが間違っていても、その他の手がかり、表情、ジェスチャーなどの助けでだいたいの意味は分かります。

むしろ、問題なのは声の大きさです。「発音が下手だから」と気にすると声が小さくなります。そうすると、相手は「え？」と顔を近づけて"Pardon?"などと聞き返します。すると「あ、やっぱり発音が悪いから通じないんだ」と、余計声が小さくなって……の悪循環です。

発音が違っても構いません。カタカナ発音でも、大きな声で身振り手振りを加えれば、たいてい通じます。これはぜひ覚えておいて欲しい「英会話のコツ」です。

なお、アクセントの違いは発音より重要で、アクセントが違うとまったく意味が通じないことがあります。例えば「心理学（Psychology）」は、発音が合っていても「サイカラジー」と最初を強く発音したら通じません。真ん中にアクセントを置く「サイカラジー」が正解です（筆者の学生時代の苦い経験です）。

コラム 単語会話？恥ずかしくない？

　英会話ができないと思い込んでいる人に勧めているのが、「単語会話」です。"Where?""Bookstore?" 知っている単語を並べて、会話をするのです。「そんな幼稚な英語、恥ずかしい」でしょうか？

　でも、考えてみると正確な正しい英語 "Excuse me." "I'm sorry." であっても、日本人はなかなか言えませんよね。通路に外国人が立っていて邪魔なときに、"Excuse me." とみなさんは言えますか。何か恥ずかしいですよね。これは、日本人に多い「他人の目が異常に気になる」癖です。欧米では、そこまで他人の目を気にしません。ロンドンの駅の階段で、大きな荷物を抱えていた老婦人に、「ねぇ、あなた、この荷物、上まで運んでくれない？」と声をかけられたことがあります。他人の目を気にしすぎる日本では、考えられないような光景です。

　「単語会話」は「英語でのコミュニケーション」の出発点としてはとても有効です。それどころか、実は単語会話の方がよく通じるのです。日本語でも同じです。「この見かけがちょっと変わったカボチャは輸入品みたいだけれど国産ですか」というよりも、「これ、国産？」と言う方がぱっとわかります。「単語会話」はとても役立つのです。

　日本人は、中学校、高校と6年間も英語を勉強しているのですから、頭の中に「英語の痕跡」は残っています。ですから、「単語会話」で良いからどんどん話していれば、眠っていた知識が目を覚まし、次第に正しい英会話ができるようになります。

　要は、「恥ずかしい」という気持ちを捨てて、単語を並べ、ジェスチャーを使って、とにかく会話をすることです。そうしていれば、次第にたくさんの言葉が出てくるようになり、やがて、必ずスラスラと英語を話せるようになります。

発音は「ネイティブ」の発音が絶対正しい？

　オンラインスクールを運営していると、受講を考えている人に、「講師はネイティブ（つまり欧米人）ですか」と、よく聞かれます。　この質問の裏には「ネイティブの発音は正しい（だからネイティブの講師が良い）」と言う考え方があります。

　確かに英語はイギリス、アメリカの言葉ですから、その国で生活し、使っている人の発音が基本です。その意味では正しいのですが、どうでしょう。

　イギリスで、「コックニー」というロンドン訛りでは、「エイ」という発音が「アイ」に変わる傾向があります。　"No. 8" は、「ナンバーアイト」と発音します。

　スコットランドなまりになるともっと変わります。筆者がロンドンで会ったスコットランド人の学生は、会話の中でしきりに「ブッ」、「ブッ」と言うのです。最初は何のことか分かりませんでしたが、何回か会って話している内、「あ、"but" のことか」と気づきました。同じ国の中でもこんなに違うのです。

　米国でも同様です。米国は 16 世紀にイギリスを主とするヨーロッパの国々から植民が始まり、それ以降、アフリカ、アジア、そして南米と、世界中から移民が集まってできた国です。また、国土も広く、多様な人々があちこちに散らばって多様なコミュニティを作っています。ですから、発音は様々です。カナダ英語、西部アメリカ英語、南部英語など、極めて多様な発音の違いがあります。

　フィリピンやインド、ケニアなどの発音は、英語で学校教育を受けていても、その国の元々の言語の影響が強く訛りが強いのは事実です。

しかし、これらの国々でも発音のきれいな人はたくさんいます。特に、大学で英語を主に勉強した人、英会話学校の講師やコールセンターなどできちんと研修を受けた人などの場合は、「標準イギリス英語」や「標準アメリカ英語」とほとんど変わらない発音の人がたくさんいます。

　ネイティブ（欧米人）の発音が絶対正しい訳でもないし、日本を含むノンネイティブの発音がみなだめだという単純な話ではないのです。

　ですから、英語を学ぶときには、発音も大切ですが、教え方が正しくて熱心な先生を選ぶことが最も大切です。

【図1】北米の主ななまり（西方作成）

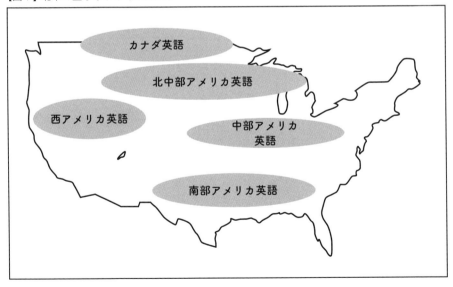

学校で習った英語「だけ」が正しい？

　中学生、高校生、英会話初心者の方に多いのですが、自分が学校で習った英語が正しく、それと違う場合は間違っていると考える傾向があります。さて、どうでしょうか。

　良く上げられる例で、"had better" と言う表現があります。日本の学校では、これを「〜した方が良い」と教えます。そこで、"You had better buy the book." 「あなたは、その本を買った方が良い」と言う文が作られます。柔らかく勧めているような感じですね。

　ところが、この "had better" は、実は強い言い方で、「やった方が良いぞ（さもないと……）」といったニュアンスなのです。そのために、実際の英会話の場面ではあまり使いません。"had better" の代わりに良く使われるのが "should" です。

　この "should" は、日本語の教科書や辞書では、「〜すべき」と訳されています。キツイ感じですね。実際には、「〜した方が良いよ」と人に軽く勧めるときにこの should を良く使うのです。

　また、「一つ」という意味を表す冠詞の "a" も注意が必要です。日本では、学校で " ア " と読むと習います。つまり、"This is a desk."「ジス イズ ア デスク」です。ところが、この "a" は、「エイ」と読んでも良いのです。ネイティブの中にも「ジス イズ エイ デスク」と読む人が結構います。アメリカでもイギリスでも同じです。

　ところが、日本の学校で習った「ジス イズ ア デスク」が正しいと思い込んでいると、「この発音おかしくない？」とか「かっこつけてるんじゃない？」と考えてしまうことになります。実は、自分が知らないだけなのですが！

！！！！！！！！！！！！！！！！！！！！！！！！！！！

少し特別な例ですが "learned" と言う単語は、「ラーンド」、「ラーント」、「ラーニッド」の3つの発音があります。これを「ラーンド」とだけ覚えておくと、他の発音が「間違っている」と考えてしまうのです。

英語の教科書は、大勢の英語の専門家がチェックしきちんと構成された内容を、専門の教育を受けた英語の教員が教えるので、基本的に「正しい」のですが、英語の発音や単語の使い方は、国による違い、地域による違いも大きいのです。英語をもう少し気楽に考え、多少違っても、変でも、とにかく「理解し合えれば良い」と考えましょう。

【図2】英語が公用語の国（西方作成）

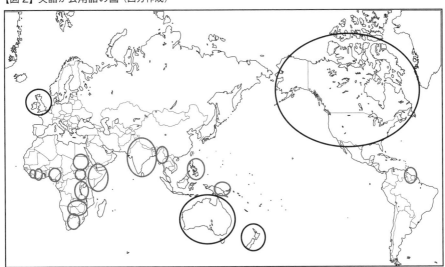

黒線：公用語で第一言語（母国語）
灰色線：公用語だが第二言語（母国語ではない）
※大まかな範囲を示しています

コラム 英語にも「訛り」がある？！

日本人は、イギリス、アメリカの英語を基本に勉強します。英会話もそうです。日本の場合、特にアメリカ英語（米語）の発音が「良い発音」だとして、できるだけそれに近づくように努力します。

実際、海外の空港や駅、観光施設やホテルなどでのアナウンスは基本的にイギリス標準英語かアメリカ標準英語です。また、ラジオやテレビの英語放送でも、この二つの国のどちらかの発音です。ですから、このどちらかの発音を勉強するのは良いことなのです。

ところが、海外で現地の人と話したり、来日中の外国人と話すと、その人たちの英語が聞き取りづらいことがよくあります。理由は簡単です。彼らの発音が「標準英語」ではなく、その国独特の訛りがあるからです。

カナダ、オーストラリアなど、母国語が英語の国で日本人が「ネイティブ」と考えている人でも、それぞれの国の訛りがあります。

ケニアやフィリピンなどの国ではさらに大きな違いが見られます。これらの国の母国語、タガログ語、スワヒリ語などは発音が日本語に近く、綴りも「ローマ字」読みで通じるほど似ているせいか、日本人にとっては聞き取りやすい英語です。

対照的にアラビア語や中国語などの発音は、英語とも日本語とも異るため、これらの国の人々が話す英語は、日本人には聞き取り辛く感じることが多いようです。そんな訳で、「正しい発音」を学ぶ努力は必要ですが、それよりも「何とかして」英語でコミュニケーションを取ろうと言う心がけの方が大切です。

これから国際化が進み、いろいろな国の人々と話すことが増えると、標準英語の発音ではない「様々な」発音の人と話すことになります。どんな発音であっても「発音が悪いから分からない」ではなく、それでもコミュニケーションしようという姿勢が必要なのです。

46

Chapter 4

英会話力を育てる方法
〈理論編〉

言葉を理解し使う「脳」の働き
(生理心理学、神経心理学)

　最初に、少し難しいのですが、知的活動に関する脳の働き（生理心理学、神経心理学、認知心理学など）について、「英会話」に関わるところだけ、簡単に触れます。

　人の「言葉を理解し、話す」という働きは、頭の中でどのように行われているでしょうか。「英会話」と「脳の働き」の関係を見てみましょう。

言葉を「聞く」脳、言葉を「話す」脳

　脳は左側の半球と右側の半球に分かれています。言葉を理解したり話したりする働きは、主に左半球が担当しています。そのために、左側の脳は「言語半球」とも呼ばれます。

　さらにこの言語半球は、「話す」働きを担当する部分と、「聞く」働きを担当する部分とに分かれています。

　「聞く」働きは、左側でも耳の後ろ辺りの部分、「ウェルニッケ野」と呼ばれる部分が担当し、「聞く」活動の中心になる場所です。

　ここは、19世紀に、カール・ウェルニッケという神経科学者が発見しました。ここの機能が損なわれると、耳に聞こえた音が理解できなくなる「感覚性失語、ウェルニッケ失語」という障害が起こります。

　「話す」働きは、左耳の少し斜め上にある部分が担当しています。ここは「ブローカ野」と呼ばれ「話す」活動の中心になる場所です。

　このことは、同じく19世紀に、ポール・ブローカと言う解剖学者が発見しました。ここの機能が損なわれると、自分の考えを言葉にして言えなくなる「運動性失語、ブローカ失語」という障害を引き起こします。

!!!!!!!!!!!!!!!!!!!!!!!!!!!!!!!

重要なことは、「聞く働き」と「話す働き」の中心が、脳の同じところではなく、違うところで処理されているということです。完全に独立しているのではなく、「協力」して働いているのですが、それぞれの中心的な領域は別々になっているのです。

　これは英会話の学習にとっては極めて重要です。「リスニング」と「スピーキング」は、脳の別々な場所が中心になって行われる、異なった能力だということを意味するからです。

　このことは、読者の方も自分の経験を振り返ってみれば納得できるのではないでしょうか。中学校、高等学校で６年間英語を勉強し、そのなかでリスニングの練習もずいぶんしたはずです。英検や TOEIC のリスニング試験を受けた人も多いでしょう。勉強しているときには、リスニングはある程度できたはずなのですが、スピーキングの方はどうだったでしょうか。できなかったという人の方が多かったのではないでしょうか。

　このことは、脳の働きから考えると当たり前のことなのです。

【図3】ブローカ野、ウェルニッケ野（西方作成）

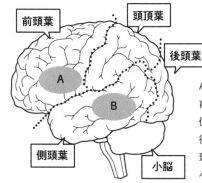

Ａ ブローカ野　　Ｂ ウェルニッケ野
前頭葉：考えたり、考えを言葉にする
側頭葉：聞いた音をまとめる
後頭葉：見た形をまとめる
頭頂葉：感覚をまとめる
小　脳：運動をコントロールする

聞いた言葉を理解する「脳」の働き

　では、脳の中で「英語の文」を理解する活動はどのように行われているのでしょうか。

耳に音が入ってくる

　この段階では、耳がその音を神経の信号に変えて、脳に伝えるだけです。虫の音か、自動車の音か、人間の言葉なのかに関係なく、すべて同じような神経信号になって脳に伝わります。

ウェルニッケ野は、音を分析、「言語音」として組み立てる

　「言葉らしいな」と脳が判断すると、それまでの経験で得た知識などが参照され、知っている言葉の音に変換されます。このときに重要なことは、「自分が知っている言語音」に変換されることです。

　明治の初期、日本に来た西洋人が犬を呼ぶのに "Come here!" と言うのを、当時の人は「亀や」と聞き、西洋人は、犬のことを「カメ」と言うのだ、と勘違いしたという話があります（日本英語検定協会サイトより）。聞いたことのない英語の音は日本語の音に変換されてしまうのです。

　初めて英語を学ぶ中学一年生が、英語の単語を覚えるときにカタカナで「ふりがな」をつけることがよくありますが、同じ現象です。

言語音は、脳の思考を担当する部分で理解される

　言語音の信号は、思考を担当する脳の前の部分（前頭葉）に送られ、脳の中に蓄えられている言葉の知識やイメージと照らし合わされ「意味」が理

! !

解されます。このときに、その言語音に関連した知識やイメージが少ないと、「理解」することが難しくなります。

　フィリピン語は、日本語と発音が似ていますので、聞き取りやすい言葉です。そのフィリピン語で "magulang"（マグラング）と言う言葉を聞いて、皆さんは分かりますか。音は聞き取れても意味が分かりませんね。フィリピン語をまったく知らず、手がかりもないと、この言語音の意味が分からないのです。意味は、「親」です。

　このように、「聞いた言葉を理解する」という働きは、「音を分析する」脳の部分（ウェルニッケ野）と、それに意味を与える脳の部分（前頭前野）が働いて行われます。このとき、その音についての知識、言葉の知識、目から入ってくる他の情報などが十分でないと、その言葉は理解されないのです。

【図 4】ウェルニッケ野での脳の働き（西方作成）

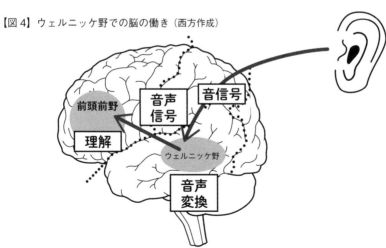

「思考」を「言語化」する「脳」の働き

「話す」働きでは、まったく違う脳の働きが起こります。

頭に「考え（思考）」が浮かぶ

　私たちは頭の中の「考え」は日本語だと思っています。ところが、実際には、考え自体は日本語ではありません。日本語になる前にその基となる「脳言語」と言えるような脳の中の働きがあるのです（専門用語では、「表象」、「概念」、「内言語」などと呼んでいます）。

　「ど忘れ」という言葉がありますね。「知っている」のに言葉が出てこないという現象です。この時、本人の頭の中では、それが何のことなのか分かっています。それが、「言葉」にならないだけなのです。脳言語では分かっているのに、「言葉」にならないのです。それが、日本人だったら「日本語」、米国人だったら「英語」になったときに、「あ、そうだ○○だ」と意識されるのです（高齢になると「アレだよ、ほらアレ」と言う会話が増えます。これは、この部分の働きが弱ることに関係しているようです）。

「思考」が「言葉」に変換される

　さて、この脳言語は、それを口を通して発音するためには、まず「言語」に変換しなければなりません。それは、主に、脳の左前の部分（ブローカ野）が中心になって行われます。この時、変換される言語は、日本人であれば「日本語」であり、米国人であれば「英語」であると言うことです。同様に、中国人、インド人、ケニア人であれば、その人の母国語に変換されます。

!!!!!!!!!!!!!!!!!!!!!!!!!!!!!!!!!

「言語」が「音信号」に変換される

　脳言語が言語に変換された後、次に音声にするための活動が生じます。

　この時、おでこの上当たりの脳の部分（前頭前野）で、言語音の組み立てが行われます。この組み立てられた言語音は、先に話した「聞いて覚えた」音の知識に基づくと考えられます。その意味では、リスニングはスピーキングの基礎を作る大切な役割を果たしているのです。

「音信号」となった言葉が「運動」に変換される

　音信号は口や舌などの動きをコントロールする部分に伝わります。ここで、音信号は文の知識や、イントネーションなどの記憶とともに口や舌の筋肉の運動として組み立てられ、最終的に言葉となって出てくるわけです。

【図5】ブローカ野での脳の働き（西方作成）

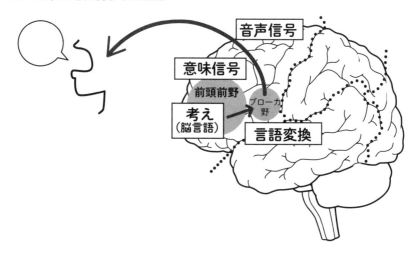

# リスニングとスピーキングの関係

　今まで「聞く」働き、「話す」働きについて説明してきました。この二つの分野の関係はどうなっているのでしょうか。脳の構造の研究によれば、「聞く」働きをする部分と「話す」働きをする部分は、神経の束でつながっていることが分かっています。弓状束と呼ばれる太い神経の束を中心に、周りの脳の部分も含めて連絡しているのです。

　このことは、「聞く」脳 と「話す」脳の働きは、何らかのつながりがあることを示しています。実際、先端技術を使った最近の脳の研究では、「話している」時に、「聞く」働きをする脳の部分が活動している様子が見られます。逆に「聞いている」ときには、「話す」脳の部分も活動していることも分かっています。

　つまり「リスニング」の練習で、「スピーキング」の力も伸びる可能性があるということです。「聞く」活動が「話す」活動に影響しているのです。

　ところが、「話す脳」の働きで見てきたように、話す時には、最初に、「考え（脳言語）」を「言葉（日本語や英語）」にする脳の部分が働きます。そして、その言葉が組み合わされ、最後に口の働きとなって口から出てきます。

　リスニング練習をすると、脳の「話す」部分も活動するのは間違いないのですが、「考え」を「言葉にする」脳の部分も活動するかどうかは明らかではありません。筆者は、リスニングの練習だけでは、「考え」→「言葉」と言う脳の活動があまり活発にならないのではないかと考えています。そうであれば、スピーキングを鍛えるには、そのための練習（自由会話）を数多くする必要があるということになります。

コラム 成人してからリスニングが できるようになる理由

　練習すれば、大人でも英文のリスニングができるようになります。これには二つの理由が挙げられます。

　一つは、大人でも「音」を聞き分ける脳神経のネットワークが次第に形成されることです。特別な装置を作って、特別な訓練をすれば、大人でも "r" と "l" の違いを聞き分けられるようになると言う研究があります。

　それによると、今まで活動していなかった脳の部分か活動するようになっていました。そこに、新しい音を聞き分けるための神経ネットワークが形成されたと考えられます。

　もう一つは、前後のつながりから音を「推測」するやり方です。たとえば、"I bought a frying pan." と言う文を聞いたとき、"frying" と "flying" の発音の違いが聞き分けられなくても、"frying pan"（フライパン）だろうと推測します。"flying pan" だったら、「飛んでいる鍋」という意味になって、「私は、飛んでいる鍋を買う」という、おかしな意味になるからです。

　フランス語には、"h" の発音がありません。ですから、フランス人は、「ヒロシマ・原爆展」と「イロシマ・原爆展」と聞いても聞き分けられません。しかし、どちらも「広島・原爆展」と判断します。

　日本人は、「イロシマ原爆展」と聞いた瞬間に「え？」と思いますよね。「ヒ」と「イ」が完璧に聞き分けられるからです。

　でも、フランス人は、この発音を聞き分けられなくても、「原爆」という言葉を手かがりに「広島」のことだと判断できるのです。

脳内日本語不在の英会話を目指せ！

「あなたはスタバでどんなコーヒーを飲みますか」と言う文は英語ではどうなるでしょう。

英会話が得意でない人は、たいてい「え〜っと、『どんなコーヒー』って "what coffee" かな……」などと考えてから、"What coffee do you ... " と、一旦、日本語で考え、それを英語に翻訳して話します。

逆に、英語を聞いた時には、その意味を理解するのに日本語が入ってきます。一旦、日本語に訳して理解するのです。

このような「日本語訳」英会話は、実用的ではありません。会話のテンポが遅くなりますし、日本語の単語に対応する英単語を知らないと、そこで、英語が口から出なくなります。

前にも挙げた英会話の松本亨先生は、「英語で考えないと英会話はできない」と言いました。　と聞くと、「オレは日本人だ。英語で考えるなんてできっこない」と思う人もいるでしょう（筆者も最初は「そんなの特殊才能だ」と考えました）。

でも、できるのです。「聞いた瞬間に意味が分かる」、「言いたいことが英語で浮かんでくる」ということは誰にでもできるのです。

たとえば、「ジス イズ ア デスク」と言う文を聞いた時、たいていの人が、「え〜と、『ジス』は、『これは』だったな」などと考えません。「ジスイズ ア デスク」と聞いたらすぐに、「これは机です」という意味だと分かります。

逆も同様です。「私は、太郎です」という文を英語にするときに「私は」「〜です」など、一つ一つ英語を考えることはしませんね。すぐに、"I am Taro." と出てくるはずです。

！！！！！！！！！！！！！！！！！！！！！！！！

これは、長い間英語の単語や文などを聞いたり、口にしたりしているうちに、それまで「ブローカ野」や「ウェルニッケ野」、「前頭前野」で、「脳内言語」←→日本語変換しかできなかったのに、「脳内言語」←→「英語」変換の神経回路ができてくるからです。

　ただし、神経回路が作られるには時間がかかります。良く「○○ヶ月で英語ぺらぺら」という宣伝を見かけますが、そんなうまい方法はありません（後で述べますが、例外はあります）。

　逆に、練習を続けていれば、脳の神経回路は必ず形成されていくのですから、誰でも英語で考え、英語で話せるようになるのです。

【図6】脳内での翻訳英会話の流れ（西方作成）

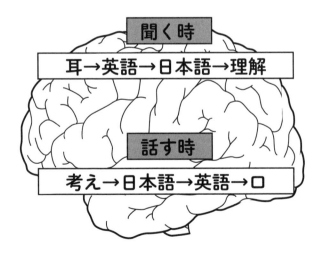

聞く時
耳→英語→日本語→理解

話す時
考え→日本語→英語→口

コラム　失語症と言う障害

　会話には、「聞くこと」と「話すこと」の両方が必要です。普段、私たちは当たり前のように、この2つの活動を行っています。そのどちらか、あるいは両方ができなくなったりしたら、他の人と会話ができなくなり、社会的なつながりが難しくなります。

　ところが、この能力が失われる障害があります。「失語症」と呼ばれ、病気やけがなどをきっかけに、誰でも起こる障害です。

　失語症には大きく2種類が知られています。1つは「聞く」ことの障害で、「感覚性失語」と呼ばれます。また、1874年に、ウェルニッケと言うドイツの神経科学者が明らかにした脳の領域の損傷による障害であるために、「ウェルニッケ失語」とも呼ばれます。

　もう1つは「話す」ことの障害で、「運動性失語」と呼ばれます。また、1861年に、ブローカというフランスの解剖学者が発見した脳の領域の損傷によるものであるために、「ブローカ失語」とも呼ばれます。

　「聞く」部分が壊れた失語症「感覚性失語」、または「ウェルニッケ失語」では、人の声ははっきり聞こえているのに、その意味が理解できなくなります。ニューロンのダメージが大きければほとんど意味が分からなくなりますが、それほど酷くない場合、数字の聞き違いや言葉の聞き違いが多くなることがあります。

　「話す」部分が壊れた失語症「運動性失語」または「ブローカ失語」では、声は出せるのですが、意味のある言葉を話せなくなります。ニューロンのダメージが大きい場合は、「タン、タン、タンタン」など、意味のない音しか出せなくなることがあります。それほど酷くない場合でも、「おはようございます」と声をかけると、「お、お、お・は、お・は・よう、おはよう・ござい・ます」などのように、たどたどしく返事するようになることがあります。

なお、「リンゴ」とうまく言えないブローカ失語の人であっても、「リンゴはどれですか」と尋ねると、きちんリンゴを指します。「味噌汁」という言葉を聞いて理解できないウェルニッケ失語の人でも、味噌汁だけ出すと「みそしる、熱い、お箸どこですか」などと言います。つまり、失語症であっても、思考力はダメージを受けていないと考えられます。

　失語症は、専門家 (言語聴覚士など) のトレーニングにより、ある程度改善します。

　なお、失語症で興味深いのは、ウェルニッケ失語 (聞くことの障害) があると、「読む」ことも難しくなること、また、ブローカ失語 (話すことの障害) があると、「書く」ことにも障害が現れることです。

　このことは、「聞く」、「読む」、「話す」、「書く」の４つの言語活動が、「受け入れる」働きと「作り出す」働きにグループ化されていることを意味するようです。つまり、「聞く」と「読む」のグループ、「話す」と「書く」のグループという二つです。

　このことから、英文を聞くだけの練習、つまり「聞く」練習だけでは英会話の学習は十分ではなく、「聞く・読む練習」、「話す・聞く練習」が必要であると言えるでしょう。

英会話と「発達心理学」、「認知心理学」

　英会話ができるようになるには、単語や英文を覚えることが必要です。知らない言葉を使うことはできません。この英単語や文をどうやって覚えるのでしょうか。ここでは、心理学の考え方から見てみましょう。

おなかを空かせたネコを箱に入れると

　おなかのすいたネコを箱に入れます。この箱の中にはえさはなく、箱の外、ネコに見えるところに置いてあります。そして、この箱には、ネコが踏んだら扉が開くようなバーがついています。

　さて、この箱に入れたネコは、最初は何とかえさのところに行こうとして箱をから出ることを試みます。でも、外に出ることはできません。ところが、あるとき偶然バーを踏みました。すると、扉が開きネコは外に出られたのです！　ネコは、無事えさを食べることができたのです。

　こういった実験を何回も繰り返している内に、ネコは次第にバーを押すと扉が開くことを覚え、最後には、箱に入れられるとすぐにバーを押して箱から出るようになります。

　この有名な実験は、ソーンダイクらによって行われた「試行錯誤」の実験です。ここで猫が覚えた、「バー」が「条件」、「踏む」が「反応」です。この条件と反応を結びつけることは条件付けと呼ばれます。

　私たち人間の行動のかなりの部分はこの条件付けによって形成されます。身近な例で言えば、漢字の学習などがそうです。「はな、はな」とあたまの中で言葉を繰り返しながら、「花」という字を書いている内に、「はな」という音と「花」と言う形が結びつきます。

!!!!!!!!!!!!!!!!!!!!!!!!!!!!!!!!!!!!!

　このような学習は、まだ言葉を知らない、生まれたばかりの赤ちゃんから始まります。赤ちゃんは生まれて数ヶ月すると「バブバブ」とか「マンマ、マンマ」などいわゆる「喃語」を話すようになります。

　「マンマ」と赤ちゃんが言ったときに、お母さんが「なあに、ママはここよ」などと赤ちゃんに返事をします。そんなことを繰り返している内に、「マンマ」と言う音と「お母さん」が結びつきます。これが言葉の誕生です。

　英語の学習もそうです。"dog"と言う単語を見て「ドッグ」と発音することを繰り返していると、"dog"と言う綴りと「ドッグ」という発音がくっつき、そして、それに「犬」という意味がくっつき、"dog"と言う英語の読み方と意味を覚えるのです。

　言葉の獲得の第一歩が条件付けによる学習であることは間違いないでしょう。

【図7】ゾーンダイクの問題箱・簡略図一例（西方作成）

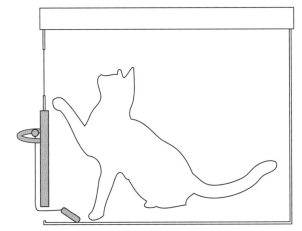

「言葉の獲得」と「条件付け」

　条件付け、丸暗記による言葉の獲得と言う考えは、間違ってはいません。ところが、赤ちゃんの言葉の獲得の研究から、その考え方では説明できない現象のあることが分かってきました。

　赤ちゃんは、「マンマ」とか「ワンワン」だけで話をする「一語文」と呼ばれる時期が１歳半頃まで続きます。その後次第に、「オッキイ　ワンワン」（大きな犬）とか「パパ　キタ」（お父さんが来た）とか、二つの言葉を並べて言うようになります。これは二語文と呼ばれます。

　ここで、まず不思議なことは、赤ちゃんは「正しい」言葉の組み合わせを使うということです。二語文は単語をでたらめに二語並べた文ではなく、その組み合わせには決まりがあるのです。

　　名詞＋動詞　　：「ワンワン　イナイ」、「ママ　ネンネ」など
　　形容詞＋名詞　：「アカイ　ボール」、「ブーブ　コワイ」など
　　名詞＋名詞　　：「ニャーニャー　ゴハン」、「パパ　クック」など

　これ以外の組み合わせ、「形容詞＋形容詞」や「動詞＋動詞」の組み合わせは、ほとんど出てきません。赤ちゃんが使う組み合わせの決まりは、大人が使う文のきまりと同じなのです。

　大人が話す言葉は複雑です。先に挙げた言葉を聞いた大人は、たいてい、次のように子どもに返します。

　「ワンワンはいないね」、「ママはネンネしてるよ」
　「アカイ（赤い）ボールだよ」、「ブーブーはこわいね」

！！！！！！！！！！！！！！！！！！！！！！！！！！

「ニャーニャーのご飯だよ」、「パパのクック（靴）だよ」

　大人の使う言葉には「てにをは」と呼ばれる「助詞」がつくのですが、赤ちゃんの二語文にはつきません。でも、言葉を組み合わせる順番は同じなのです。
　二語文は、やがて、三語、四語と増えて「多語文」と呼ばれる、長い言葉になり、５歳になる頃には、大人とほとんど変わらない言葉を喋るようになります。また、子どもは、長い文の語順が代わっても正確に理解するようになります。

　「明日は、ディズニーランドに行って、みんなでミッキーマウスと写真をとろう」
　「ミッキーマウスと写真をとりに、明日は、みんなでディズニーランドに行こう」
　「ディズニーランドに行って、ミッキーマウスとみんなで写真をとろう。明日」

　子どもたちは、どうやってこんな文、言葉の順がまったく異なる文を理解したり使ったりできるのでしょうか。すべての形の文を聞いて「覚えた」からでしょうか。そんなことはとても無理ですね。文のパターンは無限にあるのです。そのまま覚えていたら一生かかっても覚えきれません。
　子どもが「条件付け」だけで言葉を獲得するのではない、ということがわかりますね。では、子どもはどうやって言葉を使えるようになるのでしょうか。この辺りに、「英会話学習」の秘訣もありそうです。

子どもは文の作り方を発見する

　子どもは大人の言葉を聞き、真似をしながら覚えていきます。ところで、子どもに話しかける大人の言葉はかなりいい加減です。くだけた表現、省略した表現をよく使います。「だめよ、そんなところを引っ張ったら」とか、「ほら、違うでしょ。こうやるのよ」などです。

　ところが、こんな「いい加減な」言葉を聞いているうちに、子どもは正しい言葉を覚え、5歳くらいには相手にきちんと伝わる正確な文を話すようになるのです。なぜ、こんなことが可能なのでしょうか。これについては、チョムスキーという学者の唱えた有名な学説があります。

　みなさんがアフリカのケニアに行ったとします。そこでケニア人が何か見慣れない果物らしき物を見せて、"rahisi","rahisi"と言いました。さて、この "rahisi" とはどういう意味でしょうか。果物の名前でしょうか。「買って下さい」でしょうか、「おいしい」でしょうか。

　実は、"rahisi" は「安い」という意味なのです。このように、大人はあるものに対して知らない言葉を聞いた場合、それが何のことか分かりません。

　子どもの場合に話を戻しましょう。子どもは、最初は大人の言葉を真似をして、「ワンワン」、「オッキイ」、「イク」などの言葉を覚え始めます。ただ、ここで不思議なことがあります。庭の芝生に犬が寝そべっているのを見て、お母さんが指をさして「ワンワンよ」と言ったとします。その時子どもは、その言葉はその物の「名前」だと判断するのです。これは、誰に教わったのでもない、赤ちゃんが生まれ持った頭の働きなのです。

　二語文を話始めた子どもは、「イク　カエル」など、「動詞」＋「動詞」な

!!!!!!!!!!!!!!!!!!!!!!!!!

どの使い方はしません。「オウチ　カエル」など、「名詞」+「動詞」という、きちんとした組み合わせを使うのです。「オッキイ　イク」など「形容詞」+「動詞」の組み合わせも出てきません。「オッキイ　ワンワン」など「形容詞」+「名詞」の組み合わせになります。

　5歳児になると、「昨日、お父さんとお母さんと一緒にディズニーランドに行ったよ」などの主語と述語の組み合わせ、「昨日」という時間に合わせて「行った」という過去形を使うなど、文の決まりに従った正確な表現を使うようになります。

　重要な点は、こういった文の決まりは、子どもたちは「教わって」覚えていくのではなく、大人が使う「いい加減な」文の中から、自分で発見しているということです。これは、人間の子どもが生まれつき持っている能力だと言うのが、チョムスキーの主張です。

　「条件付け」では、子どもの言葉の習得が十分に説明できませんでしたが、この考え方ならば納得ができます。子どもは、漢字をおぼえるように、繰り返して「正しい文」を覚えて、「正しく使う」ようになるのではないということです。「きまり」を発見し、それを使いこなすことで正しく話せるようになるのです。

　このことは、英会話学習でも重要な意味を持っています。

コラム　言葉を覚えること、忘れること

　英語の勉強に「覚える」努力が必要です。ところが、せっかく覚えたのに……忘れてしまう、だれでもそんな経験をします。

覚えること、忘れること＝脳細胞のつながりの形成と消滅

　脳の中には「ニューロン」と呼ばれる特別な細胞が１４０億も詰まっています。ニューロンは、それぞれ、枝を伸ばして他の特定の細胞につながっています。覚えるということは、こういったニューロンが他の細胞とたくさんつながって網の目（ネットワーク）を作ることだと考えられています。一個一個の記憶に対応するネットワークがあると言う感じです。逆に、忘れるということは、その網の目のつながりが弱ってしまうということになります。

　しっかりとした記憶にするためには、このネットワークを作っているニューロンに信号を繰り返して流せば良いわけです。

　たとえば、"incident"（出来事）を覚えるのに、「incident、出来事、incident、出来事……」と繰り返すと、"incident" と「出来事」と言う意味がくっついたネットワークが作られ、繰り返すたびにそこに信号が流れて、ニューロンのつながりが強くなっていきます。これが「覚える」です。

　この単語を思い出さずに放っておくと、ニューロンのつながりは弱くなり、ネットワークは次第に曖昧になっていきます。これが「忘れる」です。

絶対忘れない：過剰学習という現象

　かけ算九九で「ハチロク」と聞くと、すぐに「シジュウハチ」という言葉が浮かびますね。これは、小学校２年生か３年生で暗

記させられます。そして、このかけ算九九は、大抵の人が一生忘れません。

それは、小学校だけではなく、中学校でも、社会人になった後も、折に触れて使うからです。このように「完全に覚えた」ことを、その後も繰り返していると、脳神経のネットワークががっちりつながると考えられています。これが「過剰学習」と言われる記憶現象です。

この過剰学習は、かけ算九九に限らず、言葉の学習全体に見られる現象です。みなさんが日本語を小さい頃からず〜っと聞いて、話して、繰り返し使って来たので、日本語を忘れることがないのです。

英語も過剰学習すれば良いのですが……なかなか難しいですね。でも、長い間、ゆっくりでも英語の練習を続けていれば、それが結果的に過剰学習になり、英語のニューロンのネットワークがしっかりできてきます。そして、それは忘れることがないのです。

英語を上達させるには、続けることがポイントです。

「忘れた」＝「消えた」？

忘れるには大きく二つのタイプがあります。神経細胞(ニューロン)が、事故や病気で死んでしまう場合と、神経ネットワークのつながりが薄れてしまう場合です。

前者の場合は完全に忘れてしまい、「思い出す」ことはありません。

しかし、後者の場合は、何かのきっかけでそのネットワークに信号が流れることがあります。思い出したわけです。

片言でも良いので英会話をしていると、以前に学んだ単語や文を思い出し、会話力が向上していきます。まさに「継続は力なり」なんですね。

# 来日外国人の日本語学習方法

　日本に来る外国人は、日本語をどうやって学ぶのでしょうか。

　留学や仕事できた人々は、日本語の研修を受け勉強します。しかし、それ以外の様々な事情で日本に移住してきた人々の場合は、きちんと日本語を学ぶ機会がありません。生活の中で、経験を通して日本語を学ばざるを得ません。

　実は、これらの人々の学習方法が、前の項で説明した子どもの学習方法と似ているのです。ただし、すでに第一言語を獲得している大人の場合は、その知識を利用して学ぶので、子どもの学び方とは違います。共通しているのは、たくさんの経験の中で、自然に正しい表現の仕方、文法の知識などを得ていくという点です。

　周りの日本人が話す言葉は、日常的な会話表現です。文法的に正しい、きちんとした文章ではありません。その中から、彼らは、次第に「私は、私が、私に、私を」など助詞の使い方、「〜した、〜でした」、「〜するでしょう」など時間の言い方などを理解し、身につけていくのです。

　この学習法を学校の授業や、日本国内の英会話スクールのレッスンで取り入れることはできないでしょうか。残念ながら次のようないくつかの問題があり困難です。

実際に「聞く」「話す」ことを通して行われる

　この学習法は、周りの人が常にその言葉を話し、自分もそれを話さないといけない状況で、半分強制的になされます。また、その方法は、「読む」、「書く」ことよりも、「聞く」、「話す」ことが中心になります。

日本語に囲まれる環境で学習する

　日本に来る外国人は、朝起きてから夜寝るまで、様々な場面で日本語に触れます。会話も日本語、注意書きや街の表示、宣伝、テレビなどの放送などすべて日本語です。２４時間日本語のシャワーにさらされるのです。

　このような状況を英会話スクールで再現することはできません。英会話スクールの授業は限られた時間内で、限られた内容を、その場面でだけ学ぶものだからです。

　私たちは授業が終われば、また日本語だらけの世界に戻っていき、次の授業の日まで、また日本語だけの生活になります。その間に学んだ英語の知識が薄らいでいくのです。

筆者の英語ひとり言　可愛い声で応えてくれたけど……

　フランスで腹痛を起こし、友人に紹介された病院に行きました。ドクターも受付の人も日本語が分かると言うのです。そこで、電話でアポイントを取りました。

　「もしもし、〇〇病院ですか？」　受付の女性が応答してくれました。「ハイ、ソウデス」。おお、日本語が通じます。さっそく受診しました。フランス人男性のドクターは日本に留学したこともあるとのことで、上手な日本語でした。

　腹痛もたいしたことなく、日本語が通じるのが嬉しくなって、帰りに受付の女性に「いやー、昨日、クロワッサンを８個も食べたんですよ」と話しかけました。そしたらその女性が、「オオ、ソウカ、タクサンタベタ。ハハハ」と可愛らしい声で応えたのです。ドクターの日本語を真似て学んだのでしょうが、声から受けるイメージと話し方が違いすぎる……日本語って難しいですね。

Chapter 5

日本の英語教育に物申す！

学校で習う「読み書き（ヨミカキ）英語」が邪魔をする!!

　現在、日本の学校では小学校から英語の授業が始まります。

　小学校では、ゲームを中心に単語を覚えたり、挨拶の練習をしたりします。基本的には「音」で学習します。つまり、先生の真似をして英語の音を覚えていくのです。英語学習の方法としては、最も自然で実際的な方法です。

　ただし、一週間に１回、短い時間、みんなで一斉に声を出して先生の真似をする、グループでゲームをするといった練習では、「英語に触れた経験」程度の学習しかできません。

　中学校に入ると、基本的な文型・文法の学習が中心になり、教科書を使って、主に「読み書き（ヨミカキ）」を勉強します。これは「情報の獲得」を目的とした学習方法です。

　学校でのこの学習法は、前にも触れたように「目」と「手」で勉強することが中心です。ここが問題です。英会話は、耳と口で行うコミュニケーションですが、それがほとんど行われないのです。

　最近は「リスニング」に力を入れるようになってきました。ですから「耳」による学習はまだ良いです。しかし、「口」の学習が足りません。「脳の働き」で見たように、英語で話すためには、「ブローカ野」を中心とした「発話」の能力が大切です。それを育てるには、英語の文を、声を出して何度も読む練習が有効です。それがほとんどなされていないのです。

　また、現在の中学校での英語学習では、好ましくない問題があります。生徒が「文字」を覚えるときに、読み方を「カタカナ音」で覚えるのです。英語の単語に「フリガナ」をふった経験のある人も多いことでしょう。カタカナは日本語で、「日本語の音」に結びついていますので、正しい英語の

!!!!!!!!!!!!!!!!!!!!!!!!!!!!!!!!!!

発音が覚えられません。

　旧文部省の英語の学習指導要領では、第二次世界大戦直後、昭和 26 年から、「聞くこと」、「話すこと」は取り上げられており、その後の何回かの改訂でも強調されています。しかし、それにも関わらず、結局「読むこと」と「書くこと」の勉強に重点を置いた「ヨミカキ」指導が今日まで続いているのです。

　これでは、小学校から高等学校まで学んでも、英会話ができるようにはなりません。

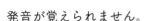
英語にカナのフリガナ？

　次の言葉を、間を伸ばして読んでみて下さい。

　「山」「滝」「森」……「やぁーまぁー」「たぁーきぃー」「もぉーりぃー」

　単語をのぼして発音すると、最後の音は「あ、い、う、え、お」（母音）になっています。口が開いていますね。これを「開母音」と言います。日本語は主に「開母音」の言葉です。

　さて、英語はどうでしょう。 "desk", "dog", "cat"。 これらは、単語の最後に母音がつきません。言葉を発した後に口が閉じるので「閉母音」と言います。英語は「閉母音」が多い言葉なのです。

　そんな訳で、"desk" の読み方として、カタカナで「デスク」と書いて覚えると、閉母音の英語が開母音の日本語になってしまいます。

　"I have a dog." をカタカナ英語で、「アイ　ハブ　ア　ドッグ」と発音したら、ネイティブには、通じにくいでしょうね。

　発音は、耳で覚える必要があります。カタカナはやめましょう。

！！！！！！！！！！！！！！！！！！！！！！！！

グループ学習では
個人が話す機会が少ない

　現在の日本では、英会話スクールがあちこちにあり、英会話勉強の機会は十分にあります。さて、その英会話スクールでの学習は、通常はグループでの練習、すなわちグループレッスンです。このやり方には大きな問題があります。

個人の発言の機会が少ない

　グループレッスンの場合、1グループの人数が多いと、1人あたりの発言機会が減ります。1時間＝60分のレッスンであれば、3人グループの場合1人当たり、20分、5人の場合、1人当たり12分しか発言の機会がありません。

　講師の説明なども入るわけですから、講師と生徒が交互に発言したとしても、生徒1人当たりの発言の機会は10分とか6分です。それ以外の時間は、他の人と講師のやりとりを聞いているだけで終わってしまうのです。聞くだけの勉強では「テレビ英会話」と同じです。

積極的な人と消極的な人（内気な人）では、発言の機会が偏る

　グループにはたいてい、積極的な人と消極的な人が混じります。積極的な人が質問し続けたり、講師と個人的な会話を始めたりすると、消極的な人は1時間レッスン中に1、2回しか発言できないということもあり得ます。

　ともあれ、こんなに短い時間では、いくらネイティブの講師に良い授業をしてもらっても英会話の力は伸びません。これは、グループレッスンの大きな欠点です。

！！！！！！！！！！！！！！！！！！！！！！！！！！！

　英会話の練習方法効果を上げるには、「英語を話す」時間数を増やすことが必須です。「話せば話しただけ会話力は伸びる」のです。そのためには、できるだけ少人数、できれば個別でのレッスンが必要です。

　ただし、すべての生徒に個別に講師をつけていたのでは、講師の給料をうんと安くするか、1レッスン時間を5分とか10分にする、あるいはレッスン費用をうんと高くしないと採算が合いません。

　英会話スクールも一種のビジネスですから、採算が合わなければ成り立ちません。高いマンツーマン授業では生徒が来ない。講師の給与を下げれば講師が辞める。こういった事情から、英会話スクールはグループレッスンを取り入れているわけです。

よくある「対話文の練習」は役に立たない

英会話の学習では、「対話文」を使った練習がよく行われます。

たとえば、自己紹介をする場面、買い物をする場面、道案内をする場面などを設定し、そこでの文のパターンを覚えて練習をします。ロールプレイングとも言います。

これは悪い方法ではありません。筆者もその練習をしてきましたし、どこの国の会話学習教材にも出てくる方法です。いろいろな表現も学べます。

この練習では、講師と生徒が交代に会話をします。例を挙げてみましょう。

A: "Excuse me. I'm looking for 'Sesami library. Would you please tell me the way to the library?"

（すみません、「セサミ図書館」を探しているのですが、図書館までの道を教えてもらえますか）

B: "Sure. You walk along this street 3 brocks. Then you come across a big street ..."

（いいですよ。この通り沿いに３ブロック進んでください。そしたら、大通りにでますから……）

このやりとりでは、具体的な場面に出てくる表現を学べますし、いかにも英会話をしているような気になり、楽しいです。

ところが、この学習法には大きな欠点があります。それは、そこで出てきた会話、表現が実際の場面でほとんど出てこないことです。一生懸命覚えたのに使えないのです。

！！！！！！！！！！！！！！！！！！！！！！！！！！！！

実際の会話は状況よって変わります。話しかける人の質問の形も様々ですし、それに対する答え方も様々です。つまり、覚えた対話の通りに進まないのです。道を尋ねるにしても、尋ねた相手によって表現はさまざまです。場面もさまざまです。すべての場面で使える表現なんてありません！

　筆者にも、それについてほろ苦い思い出があります。若い頃通っていた学校で「空港でのやりとり」を練習していました。そこで、"Nothing declare?" "No." という表現を知りました。「何か申告するものはありませんか？」、「ありません」という、とても簡単な表現です。しかも、いかにもすぐ使えそうじゃありませんか。

　それから数十年、海外には数十回行きましたが、たったの一度もそのやりとりをしていません。ほとんどの場合、係官は筆者が出した書類をちらっと見て、「行って良いです」と身振りで示すだけでした。

　対話文を一生懸命努力して、やりとりを完全に覚えても、実際にはその対話文の流れの通りには行かないのです。もちろん、使うことが絶対にないわけではありませんし、知識は多い方が良いです。しかし、ほとんど使うことがない表現を覚える学習は効率的ではないのです。

「よく使われる表現」のムダ

　英会話には役立つ表現、よく使われる表現というのがあります。たとえば "Would you like to - ?"「〜したいですか？」とか、"Let me -"「〜させて下さい」、"I'm about to -"「今、〜しようとしているところです」などの定型文です

　こうした表現をどんどん覚えていけば、英会話はできるようになる……ような気がします。「〜」の部分を取り替えるだけで、いろいろな表現ができきますから。

　ただし、そうした勉強法だけで自分の言いたいことを自由に表現できるようになるでしょうか。たとえば、次のような文です。

　「私は先週、母に会うために田舎に帰りました。母は７３歳ですが、まだ家庭園芸をしています。母は食事の前に菜園の世話をするために早く起き、その日食べる野菜を採ってきます。採れたばかりの野菜はとてもおいしいです。」

　英語にしてみましょう。

"I went back to my hometown to see my mother. She is 73 years old and in spite of her age, she still does some gardening. She gets up early to work in her garden every morning. She harvests vegetables to eat for the day. Freshly picked vegetables are very delicious."

　さて、この英文の中で、「役立つ表現、良く使われる表現」と言えそうな文はどのくらい出てくるでしょうか。お気づきのように、ほとんど出てき

！！！！！！！！！！！！！！！！！！！！！！！！！！

ません。すべてごく普通の be 動詞、あるいは一般動詞の文なのです。

　つまり、「英語らしい表現」、「役立ちそうな表現」というのは、初心者レベルの会話にはそれほど必要ないのです。

　その意味で、「役立つ表現」を覚えることは、中学生や初心者向けの学習には適していません。中学生や初心者の場合、簡単な決まりに従って単語を並べて話す練習の方が上達も早いのです。

　ただ、最初に挙げた「英語らしい表現」を勉強することが役立たないというのではありません。簡単な会話ができるようになってきたら、この学習は必要です。ネイティブを含む外国人との一般的な会話では、先に挙げたような「英語らしい表現」が出てくるからです。

　最初は英文の決まり（文法）や日常的な単語、イディオムなど、自分の知っている言葉で文を作る練習をし、ある程度話せるようになったら「英語らしい」表現を覚えるという練習が効果的です。

！！！！！！！！！！！！！！！！！！！！！！！！！！

「聞かせて、真似させる」だけだと、飽きてしまう

　「聞く」だけ、あるいは「聞いた後にそっくり真似をする」学習法があります。これにはストーリーを用いるもの、質疑応答を繰り返すものなど、様々なタイプがあります。

　この学習法はどうでしょう。これは、実際に効果があります。特に、ヒアリング力は伸びると言われています。また、声を出して読むため「発話」の訓練もできます。しかし、次のような短所があります。

　まず「飽きる」と言うことです。同じ文章を何回も何回も聞く、あるいは真似する練習は飽きやすいのです。ストーリーのある英文でも、一回だけでは効果がありません。どうしても何回も繰り返す必要があります。そこで、がんばって何回も聞いて真似をしてるいると……だんだん飽きてくるのです。

　もう一つの大きな問題は、文や表現を頭に入れるという学習はできても、それを自分の考えを表すために頭から引き出すという練習（脳言語を英語の単語に変換し、組み立てる練習）ができないということです。「英会話」ですから聞くだけでは不十分で、「話す」練習が必要です。

　「聞いて真似をする」のとは少し異なる、「英語の質問を聞いて即座に英語で答える」という学習法があります。答えるためのヒントはあらかじめ与えられていて、それを頭の中でぱっと組み立て、正しい文でぱっと答える訳です。これは、高く評価する人の多い方法です。

　この方法は練習が厳しいだけに、はっきりした目的（留学する、仕事に必要であるなど）がないと続けるのはなかなか困難です。しかしリスニングの効果は高いですし、決まったパターンの質問、回答への反応は正確になり

ますので、目的がある人には良いでしょう。ただし、簡単な文でもある程度リスニング力が必要ですので初心者には難しいという側面もあります。

　一般に「聞いて真似する」あるいは「聞いて答える」ことが中心の練習は根気も集中力も必要です。自由な会話が入ることもありません。その点では、あまり厳しい練習は嫌だ」、「ゆっくり勉強したい、たどたどしくても会話も楽しみたい」という人には向かないでしょう。

筆者の 英語ひとり言　どうやって発音しているの?

　アフリカの南の方（主にカラハリ砂漠）に、コイコイ人及びサン人という民族（コイサン族）が生活しています。この人たちが話す言葉が「コイサン語」です。

　この言葉では、発音中に舌打ち音（「チェッチェッ」や「タンタン」という音：吸着音）が入るのです。試しにやってみてください。

　声を出さずに、舌で「タン」と音を出します。声を出さずにね。

　次に、普通に「タヌキ」と言って下さい。これは簡単ですね。

　では、「タヌキ」の最初の「タ」という音を出すとき、一緒に「タン」という舌打ちをして下さい。「別々」に出すのではなく、「同時」に出すのです。いかがでしたか?

コイサン語の発音が、まさにそういう音なのです。Youtube などで聞くことができます。（例：https://www.youtube.com/watch?v=WHHGOYu6Fl0）

　この音が入る歌を聴いたことがあります。「タ〜ン」という響きが入って、とってもきれいな曲でした。真似して歌えたらいいのですが（コイサン人とコイサン語は、世界最古の民族、言語といわれています）。

!!!!!!!!!!!!!!!!!!!!!!!!!!!!!!!

Chapter 6

実践型!! 英会話 学習のツボ

英会話初心者のための
最初の3ステップ

　さて、これまで脳の研究、心の研究から英会話学習一般について見てきました。最後に、初心者が英会話を学ぶもっとも効率的な方法について考えてみましょう。

1. 枠組みを作る

　スワヒリ語で「私はバナナを食べたいです」と言う文を考えてみましょう。「私は」"ni-"「バナナ」"ndizi"「食べる」"la"「〜したい」"taka ku-"です。

　そのまま並べると、ni ndizi la taka ku. となります。この文は何とか通じるかも知れませんが、通じないかもしれません。正しくは"Ninataka kula ndizi."だからです。確実に伝わる文にするには、文の決まり、つまりその言語の文法に従う必要があるのです。

　では、「文法」をどうやって学習したら良いでしょうか。学校でやるような紙の上での学習は会話には不向きです。また、英会話スクールの「ロールプレイング」、「役立つ表現練習」といった練習では、文法は学べません。

　筆者がお進めするのは、「会話文法学習」です。簡単に言えば文法規則が理解できるような文を、何回も声を出して読む練習をするのです。良い教材であれば、読んでいるだけで会話に使える文法規則が頭に入ります。

2. 実際の文を作り出すために必要な単語を覚える

　文法の枠組みに当てはめる材料を揃えることも必要です。材料がないと枠組みだけでは文が作れません。また、「文字単語」ではなく「音単語」で覚える必要があります。つまり、聞いて、真似して、声を出して覚えてい

くわけです。少しずつ、関心のある言葉を繰り返し発音して覚えるのがコツです。

3. 覚えた単語をどんどん使ってみよう

　次に必要なステップは、覚えた単語を、枠組みの知識で組み立てる練習です。声を出して、一語文会話、二語文会話練習をするのです。自分一人で作文などの練習をするのも役立ちます。間違いを訂正してくれる人（英会話の先生など）がいればより効果的です。最初は「単語会話」であっても、先生と練習している間に、文法の知識が増え、正しい文を話せるようになります。

　ただし、こういった指導をしている先生はあまりいません。このような学習をしたい場合は、個人で先生を探し、中学校教科書を使ってレッスンしてくれるようお願いすることになります。

　さて、ここまで英会話の一般的な学習法について述べてきましたが、次のページからは、実際に英会話をすると生じる「英語が聞き取れない」、「単語が出てこない」という悩みと練習法について考えてみましょう。

※筆者が主宰する ASET School の初心者向け教材は、上のような考えに沿って作られています。

85

日本人がリスニングを苦手な理由

まずは、日本人がなぜ英語を聞き取れないのか、リスニングが苦手なのか、その理由を考えてみます。

英語特有の音に慣れていない

英語には、日本語にない音があります。"r" や "l" などの音は日本語にありません。また、"f"、"v" など、日本語の「フ」、「ブ」などの音と異なる音が出てきます。これらがリスニングをうまくできない理由の一つです。

さらに、英語には「リンキング」という、単語と単語がくっつく現象があります。たとえば、"Get up!" と言う発音で、「ゲット アップ」は「ゲタップ」とくっつきます。また、アメリカ英語では "t" の音が "r" に変化することがあります。その結果、"Get up" が「ゲラップ」のように発音されるのです。学校英語では、こんなことは教えません。

単語を「カタカナ音」で覚えている

リスニング力が伸びない理由には英語の音に慣れていないことに加えて英語を「カタカナ音」で覚えていることが影響しています。学校の授業で、教科書の単語を覚えるときに、英語の発音を自分が知っている日本語の音、「カタカナ」に変えて覚えてしまうのです。"desk" は「デスク」ではありません。しかし、カタカナで覚えることで「本当の英語音」を知らずに学んできているのですから、それが聞き取れなくて当たり前なのです。

！！！！！！！！！！！！！！！！！！！！！！！！

Chapter6 実践型!!英会話学習のツボ

英語を「日本語」に訳して理解している

　簡単な文、例えば "This is a pen." のような文なら、ぱっと聞き取れても、やや長い文になると頭の中で日本語訳を考えてしまうことがあります。日本語に訳していると、それに時間がかかってしまい、対話であれば途切れ途切れの会話になりますし、リスニングテストであれば次々と流れてくる文に理解が追いつきません。

聞き取れなかった単語で頭の働きがストップする

　英語の試験のリスニングで、"This is a picture of a park. Two boys are playing on the slider. One of .... （これは公園の写真です。2人の少年が滑り台で遊んでいます。そのうちの1人は……)" と言う文が流れてきた時に、「え、"slider"（スライダー）？　何だろう」と一瞬考えたとたんに頭の働きが停止します。その後に流れてくる英文は、もう分からなくなります。

　といった様々な弱点が重なって、「英語を聞いてもちんぷんかんぷん」と言うことになる訳です。

リスニング力の鍛え方

　リスニング力の向上には、「本当の英語の音に慣れる」練習が必要です。つまり、学校英語で覚えたカタカナ発音ではない、実際の欧米人の発音を聞き、覚え直していくことです。

　入門者、初心者の場合はNHKの「テレビ英会話」や「ラジオ英会話」を利用するのが一番手軽です。テキストも市販されていますし、レベル別の番組が放送されています。音声教材もあります。また、日本中どこでも勉強できるのでとても便利です。

　また「You Tube」などで短い英語動画を見るのもお勧めです。「You Tube」の場合は、英文字幕が少ないことが難点ですが、簡単に繰り返して見ることができますし、画像のおかげで会話の意味がなんとなく分かるという利点もあります。ただし、易しい英語のものはあまりありません。

　英語音に慣れるための勉強法では、最初に英文を聞き、数回聞いてみて、英文が聞き取れるところと聞き取れないところを確認します。何回も聞くと、どうしても聞き取れない部分があることが分かります。

　この時大切なことは、単語や文を目で追って聞いてはいけないということです。文を目で見ると、カタカナ音など、間違って覚えた音が頭に浮かび、正しい音が頭に入りません。

　次に、英文と照らし合わせて聞き取れなかった部分を目で確認します。これは、その単語の意味を知るためです。文字の綴りを覚えるためではありません。むしろ、綴りは覚えなくても良いくらいです。

　それから一文ずつ、文字は見ないで音声だけ聞いて、そっくりに真似し

てみます。文が長い場合にはいくつかに区切って読んでも構いません。聞き取れないところだけを何回も練習しても良いでしょう。

　大切なことは、耳に意識を集中して、できるだけそっくりに聴こえた音を真似することです。それによって、本当の英語の発音を次第に覚えていきます。

　アメリカ英語の発音では、"little" は「リドゥ」とか "better"「ベラー」のように聞こえます。"tt" の部分の発音は「フラッピング」と呼ばれる特別な発音の仕方で、正確に真似するのは難しいものです。それでも耳に意識を集中して音を聴き、できるだけそっくりの音になるように真似をしているうちに、その音を「聴き取る」ことができるようになります。

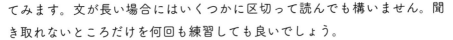

筆者の英語ひとり言　ジローがいるから英語で話せ

　イギリスのカフェで、学生のグループと隣合わせになったときのことです。ヨーロッパ人のグループに日本人学生がひとり交じっています。

　最初はにぎやかに談笑していましたが、そのうち政治の話になったようで、"comunism"（共産主義）といった単語も聞こえてきます。しばらくすると議論が白熱してきたようで、ドイツ語やフランス語らしい言葉も飛び交いはじめました。ヨーロッパの大学生は、英・独・仏の３ヶ国語が分かる人が多いのです。そんななか、日本人学生だけが浮かない顔して黙っていました。

　そのとき、それに気づいたグループのひとりが、「みんな、ジローがいるから英語で話せ」と言ったのです。ちょっと複雑な気分になりませんか？

　英語だけでも話せるから良いと考えるか、英語しか話せないことを気遣われるのはちょっと情けないと考えるか。あなたはどう思いますか？

！！！！！！！！！！！！！！！！！！！！！！！！！

スピーキングができない理由

言いたいことが日本語で浮かんでくる

"How was your holiday?"（休暇はどうだった）と訊かれたとしましょう。そこで、「えぇと、『家族で旅行にいった』……『家族で』……」など日本語が頭に浮かびます。それを英語にしようとしたとたんに翻訳がストップし、英語が口から出てこなくなります。

これは、日本の学校教育で英語を勉強した人のほとんどが通る道でしょう。日本の学校では、英文を日本語に訳して理解し、日本語の意味を頭に置きながら英単語を覚え、「日本語」を英文翻訳（英作文）するなど、常に「英語」を「日本語」に置き換えて勉強するからです。

英語ですぐに言える単語の量が少ない

ぱっと頭に浮かぶ英語の単語量が少ないことも英語が話せない大きな原因の一つです。これは前述のように、単語を「日本語」と「英語」の1対1として覚えているためです。これではダメです。モノやコトなどから直接英単語が出てこないといけないのです。

たとえば、英語の簡単なゲームをしてみたとします。「絵を見て英語で言ってください」と言って、イヌやネコ、トリの絵などを見せます。すると、たいていの人が"dog"、"cat"、"bird"とすぐに言えるはずです。イヌの絵を見て、「イヌは、えーっと、dog だな」と考える人はあまりいないでしょう。

何回も繰り返して単語を読む練習をしているうちに、思考から「脳言語」→「英単語」と、直接に変換されるようになり、意味を考えると、ぱっと

！！！！！！！！！！！！！！！！！！！！！！！！

英語が出るようになるのです。

基本的な英語のパターン（文型や文法）**を体で覚えていない**

　ここで言う文型や文法は、「使うための」文型や文法のことです。

　たとえば、「昨日あの雑誌買った？」ということを聞きたかったら、すぐに "Did you ...." と出てこないといけません。ところがこれを、「一般動詞の過去形、疑問文は "did" で始まる」などと習った学校英語では、すぐには頭には浮かびません。

　スピーキングで役立つ「文型や文法」は、文法に沿った文型を何回も聞いて、自然に口をついて出てくるまで練習しないと覚えません。脳内で日本語に訳さず、文法は？など考える隙もなく、自然に口から出るまで練習する必要があります。

スピーキングの効率的練習法

声を出して読む

　スピーキングの練習でもっとも効果的なのは、レベルを問わず「声を出して文を読む」ことです。これは、ブローカ野を中心とした「話す」脳のトレーニングになるからです。声を出して読んでいるうちに、英語音を出す神経ネットワークが作られてくると考えられます。

　また、読んでいると、次第にその単語やイディオムの音を覚え、「日本語抜き」で口から出やすくなってきます。次の文を見てください。

"I saw a man standing under the tree. He was looking up at the tree."

（私は木の下に立っている男の人を見ました。彼は木を見上げていました）

　この文を何回も読んでいる内に、"saw a man", "standing", "looking up", "under the tree" などの意味が日本語を通さないで頭に入り、口からも出やすくなります。

自由な表現練習をする

　また、実践的な英会話でスピーキング能力を高めるには、自由な表現練習が必要です。決まった形の文の練習、「対話練習」、「変形練習」などでは、「考え」→「言葉」という訓練ができません。そうではなく、「他人の質問を理解し、それに合った文を頭の中から探し出して答える」、「頭の中の単語をつないで自分の考えを述べる」という練習が大切なのです。

　「今日はケーキを買いに行きたいけれど、寒いので家から出たくない」と言いたい時、「〜ので」とか「出たくない」など日本語を英語に訳そうとすると口から言葉が出なくなります。

!!!!!!!!!!!!!!!!!!!!!!!!!!!!!

　ですから、単語だけでも良いし、順番がばらばらでも構いません。単語を並べて会話するのです。上に挙げた日本語の文は、極端なことを言えば"cake"、"I like"、"buy"、"but"、"cold"だけでも十分に通じます。

　たいていの人は、「そんな恥ずかしい英語はしゃべりたくない」と思うでしょうね。「きちんと」話したいと思うでしょう。でも、そう考えると、「あ〜」、「う〜」で終わってしまいます。

　「恥ずかしい」という意識を抑えて、まずは「考え」を「英語」にする練習を始めましょう。

　なお、日本に来て、日本語を勉強し始めた外国人は、その点は良いお手本です。たどたどしくても、間違いだらけでも彼らは「話そう」としますし、笑われることがあっても、めげずに話をしようとします。そして、次第にうまくなっていくのです。

「話す力」 と 「英作文」

　ところで「英作文」が「スピーキング」にとても役立つことを知っていますか。あまり指摘されることが少ないのですが、大きな効果があります。

　「英作文」と言うと、「え、いやだ」と言う拒否反応が出るかも知れません。学校の英作文の宿題で苦労した人も多いでしょう。

　しかし、ここでお勧めする「英作文」は「嫌な」英作文ではありません。「自分の言いたいことを数行書く」という方法です。「3行日記」などと名前をつけ、ノートやスマートホンのメモ帳などにちょっとずつ書いていく方法です。毎日でなくても週に1〜2回でもかまいません。

　例えば、

"Today I met my friend at Asahi park. We talked about our hobby. He likes to read novels of Keigo Higashino."
（今日は朝日公園で友だちと会った。私たちはお互いに趣味の話をした。彼は東野圭吾の小説を読むのが好きだそうだ。）

という感じです。

　「英会話」と「英作文」は「声で言う」、「字で書く」というまったく違う活動のように思えます。しかし、脳の研究で、言葉を話しているときと文を書いているときとでは、脳のブローカ野を中心とした同じ部分が活動することが分かっています。

　つまり、アイディアが頭に浮かんでから言語になり、まとまった文になるまでの脳の働きは「話す」場合も「書く」場合もほぼ一緒なのです（文

!!!!!!!!!!!!!!!!!!!!!!!!!

字の場合は、文字の形情報が必要なので、まったく一緒という訳ではありません)。ですから、英語の作文はスピーキングの訓練にはとても効果があるのです。

また、英作文練習には、会話レッスンとは異なる様々な利点があります。

会話と異なりゆっくり考えることができます。会話ではそうはいきません。相手の問いかけにぱっと答えなければなりません。

英作文では、分からない表現があれば辞書を引く時間があります。辞書を引くと、その単語の持つ他の意味、一緒に使える前置詞とそれによって異なる意味、同義語、語源なども書いてあり、知識が膨らみます。

さらに、英作文後に見直すことで自分の間違いが分かります。これはスピーキングではなかなかできません。気づいてもすぐに次の会話に移るので、頭に入れる時間がありません。でも、英作文なら見直しができます。メモもできます。しっかり頭に入るのです。

このようにスピーキングの訓練には英作文がとても効果的なのです。

コラム フランス語下手な日本人が友人を作った話

　フランスの語学校での話です。一人の日本人学生が初歩のクラスで勉強していました。まったくの初心者だった彼は、早く上達しようと、常にフランス語で話す機会を狙ってました。時間があれば、知っている単語を繰り出して他の国の学生に話しかけたのです。他の国の学生もやはり話をしたいので、同じように単語で「うーん、うーん」言いながら相手をしてくれました。間違いだらけ、誤解だらけの単語会話です。

　ある日、ギリシャから来ている学生が、そのおしゃべり日本人に話しかけました。「あんたどこに住んでるの？」、日本人の学生は「ピガールの安いホテルに住んでいるよ」と答えようとしましたが、「住んでいる」とか「安い」と言う単語を言えません。「うーんうーん」と考えているとき、ふと、ショッピングセンターで"bon marché"と言う札があったことを思い出しました。「確か赤い字で……多分安いということだろう。"marché"は、販売とか言う意味だろう。よし、これだ」と考えた彼は、"un hôtel bon marché, Pigalle"と大きな声で言いました。とたんに、近くにいたフランス語が多少分かる学生たちがドッと笑ったのです。

　"bon marché"と言う表現には、「安い」と言う意味もあるのですが、「お買い得」とか「大安売り」という感じもあります。「お買い得のホテル」、「大安売りのホテル」…… それは、笑っちゃいますよね。

　でも、そのおかげで、「あのフランス語下手くそ日本人は面白い」と同じクラスの外国人留学生が仲良くしてくれたのです。

　単語会話のコミュニケーションは結構楽しいんです。

Chapter 7

21世紀の新しい英会話学習法

21世紀の新しい英会話学習法

　英会話の練習方法には様々なものがありますが、どの勉強法も効果と限界があります。「これをやれば○○日でペラペラになる」という勉強法は、実際にはありません。

　ただし、天才的な人がいて、短期間（数ヶ月、1、2年）でぺらぺらになることもあります。

　あるアメリカ人の女性で、まったく日本語を知らない状態で来日し、1年間で日本語をほぼ完全に習得した人がいました。彼女の日本滞在終了時、英会話スクールで送別会がありました。そこで彼女は、メモも何も見ないで、日本語で30分間スピーチしたのです。「私は」「私が」などの使い分けも正確でしたし、単語、文も適切でした。発音もきれいで、聞いた人はみな感動してしまいした（筆者も感動しました）。

　ただ、こういう天才的な人は例外です。普通の人は外国語を長い間勉強してもなかなか上達しません。

　日本に来ている外国人留学生を見るとそのことは良く分かります。日本語で入学試験を受け、大学では日本語の講義を受け、日本語でレポートを書き、日本人の友人と遊びに行き、4年後に日本語で卒業論文を書くのです。すごい量の「日本語学習」です。

　でも、こんなに勉強して卒業しても、日本語はなかなか完全にはなりません。たまに、日本語ネイティブ（あなたや私）とほとんど変わらないくらいになる人もいますが、たいていは聞くとすぐに外国人と分かります。発音、アクセント、単語の使い方がどこか違うのです。

　海外留学をした日本人はこの逆になります。アメリカの大学を卒業した日本人の英語は、ネイティブからみたらやはり不完全だろうと思います。とてもうまくなる人もいるでしょうが、たいていの人はネイティブ並みにはならないでしょう。

　そういうわけで、日本に住んでいる日本人は、ゆっくり勉強し、多少とも外国人と話せるようになれば良いと考えましょう。自分に合った、やりやすい、効果の高い学習方法で、気長に会話力をつけていくのです。

　本章では、現時点でもっとも効果のある学習法を紹介します。今から20年前に誕生した、正に21世紀の学習法です。

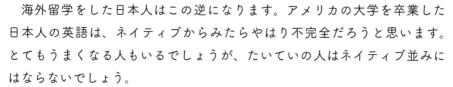

筆者の英語ひとり言　"r" の発音はどうやって？

　英語の "r" 音は、日本語の「ラ」音とはかなり違う音です。

　舌を口の中のどこにもつけずに「ル、ル、ル」と言ってみて下さい。声を出し始める時には舌は丸めません。舌を口の中のどこにもつけず、「ル」と言います。

　途中で舌の先を喉の奥に丸めて引っ込めます。舌を口の中のどこにもくっつけずに言えればOKです。　こんな感じで、"right"（ライト「正しい」）と言ってみて下さい。「ゥライト」といった感じになります。

　これが、"r" の発音です。舌や口の動かし方が一人一人異なるので、このやり方で正しい発音ができると言うわけではありません。ここで書いたことを頭に置いて、ネイティブの発音を真似して下さい。

# オンライン英会話レッスン

　英会話上達には良い学習方法を選ぶ必要があります。さて、どんな学習方法が良いでしょうか。良い学習方法とは、次の条件を満たすものです。

耳と口で勉強する

　目と手で勉強する勉強では英会話は上手になりません。

少人数で練習する

　1クラス2,3人でないと、自分が話す時間が足りません。

自由表現練習をする

　決まった言い方を丸暗記する勉強ではスピーキングがなかなか
上達しません。

　上の中で、少人数で練習するということは特に重要です。できればマンツーマンでの練習が望ましいです。その代わりレッスン費用も高くなります。週に2回、1回1時間レッスンを受けた場合、レッスン料はおそらく数万円以上になり、経済的な負担が大きくなります。
　ところが、マンツーマンでありながら、レッスン料がとても安いという学習方法があります。
　20世紀の終わり頃から、インターネットが普及し、21世紀に入ると、SNS（Social Network Service）というサービスが急速に普及しました。

Chapter7 21世紀の新しい英会話学習法

facebook や twitter など、自分でやっていない人でも名前は聞いたことがあると思います。学校のクラスメート、職場の仲間、趣味のグループなど、様々な人とメッセージや写真などをやりとりできるサービスです。そのサービスの一つが、無料通話で用いる Skype（スカイプ）と言うサービスです。

　Skype とは、コンピュータ（タブレット型コンピュータや、スマートホンでも可能）とインターネットとがあれば、無料で音声や動画のやりとりができるサービスです。一言で言えば、「無料テレビ電話」サービスなのです。

　この Skype を使うと、自宅にいて英会話のレッスンを受けることができます。外人の先生と、マンツーマンで（2,3人で通話することも可能です）、英語を教えてもらうわけです。

　無料ですから電話料金を心配する必要はありません。また、国内でも外国でも関係なく通話できますので、日本に居て外国に住む先生にレッスンを受けることもできます。

　このレッスンは、先に挙げた良い勉強法の条件を満たしています。しかも、自宅でできるので時間の無駄もありません。日本では少ない外国人の先生によるレッスンも受けられるのです。

　これが新しい時代の英会話学習法なのです。

オンライン英会話レッスンの様子

オンライン英会話レッスンは
ここがすごい

オンライン英会話レッスンは、様々な点で、今までの英会話スクールのレッスンにない利点を持っています。

受講料が安い

日本の英会話スクールの受講料は月額で数万円するのが普通です。個人レッスンではさらに高額になります。また、以前は多くのスクールで入会金が必要でした。なかには、入会時に6ヶ月分の月謝をまとめて支払う必要があるスクールもあったのです。その場合は、数十万円の初期費用がかかっていました。

オンライン英会話スクールは、比較にならないほど安い受講料でレッスンを受けられます。一番安いところでは、月額1,500円や2,000円といったスクールもあります。

オンライン英会話スクールが安い理由は、「オンライン英会話スクール裏話」の項で説明しますが、この金額でもきちんとしたレッスンは受けられます。

自分のライフスタイルに合わせたスケジューリングができる

日本の英会話スクールでは、レッスンを校内の教室で受けます。レッスンの曜日や時間はコースに合わせて学校が用意したものから選ぶことになります。受講生が自分の都合で選ぶことは難しいのです。生徒は、選んだコースやクラスの時間に合わせてスクールに行かないといけません。

一方、オンライン英会話スクールは、自分の都合に合わせてレッスンを

！！！！！！！！！！！！！！！！！！！！！！！！！！！

予約できます。スクールよっては、夜中であろうと早朝4時であろうとレッスンを受けられるところもあります。こんなことは、従来の英会話スクールではとても無理でした。

オンライン英会話スクールなら、受講場所も自分で決められる

日本の英会話スクールでは、レッスンがスクールの教室で行われるため、受講するにはスクールに通わなければいけません。スクールが近ければ良いのですが、遠いと出かけるのが面倒になりますし、時間も交通費もかかります。通える範囲にスクールがない場合、英会話のレッスンを受けることすらできません。

ところがオンライン英会話スクールのレッスンは、ノートパソコンかタブレット、スマホさえあればどんな場所でも受講できます。外出中にレッスンの時間になれば、公園でスマホなどを使ってレッスンを受けることもできます。スマートホンの電波の届くところであれば、山の上、海辺、離れ小島でも、どんなところででもレッスンを受けられるのです。

オンライン英会話レッスンを受けるには

　コンピュータやインターネット接続環境などが必要ですが、受講料の安さ、いつでもどこでも気軽にマンツーマンレッスンを受けられるのは非常に魅力的です。では、オンライン英会話レッスンを受けるにはどうしたら良いでしょうか。

オンライン英会話レッスンに必要な道具と環境

　まず必要なのがコンピュータとインターネットです。スマートホンなどの場合は、それだけで受講できます。

　スマートホンやタブレットの場合は、スピーカーやマイク、カメラなどが最初からついていますが、コンピュータの場合は付いていない機種もあるので、その場合は別に購入する必要があります。さらにヘッドセットを使うと、より快適にレッスンが受けられます。ヘッドセットは1,000円前後から販売されており、高価な物ではありません。

オンライン英会話スクールを探す

　オンライン英会話スクールをインターネットで探します。「オンライン英会話」とか「インターネット英会話」などのキーワードで検索すると、たくさんの学校が表示されます。それらの学校のホームページにはスクールの特色や受講料一覧、先生の紹介などが掲載されています。

　どの学校が良いか見分けるのは簡単ではありません。どのスクールの説明も、アピールポイントや長所など、良い点しか書きませんので、ホームページだけでは判断できません。そこで、体験レッスンを受けてみる必要があ

ります。体験レッスンをすると、どんなレッスンが受けられるのか、だい
たい分かります。

体験レッスンを申し込む

　希望日時を知らせて体験レッスンを申し込むと、その時間にスクールか
ら連絡が入ります。たいていのスクールは外人講師から直接に連絡が入り
ますが、日本語の話せる講師が連絡してくることもあります。少数ですが
日本人スタッフが対応するところもあります。多くの場合、初心者でも問
題なく体験レッスンを受けることができます。

　体験レッスンで、そのスクールのレッスンのやり方がだいたい分かりま
す。体験レッスンは、ベテランの講師や体験レッスン専門の講師を当てる
ことが多いので、上手に指導してくれます。

受講登録をする

　体験レッスンを受けてみて、続けて受講してみたいスクールが決まった
らホームページから登録します。登録は簡単です。名前、メールアドレス、
Skype ID（電話番号のようなもの）を入力すれば終わりです。質問項目が多
すぎるスクールはやめた方がよいかも知れません。ネット上で個人のプラ
イバシーを入力することはできるだけ避けた方が無難です。

　これで手続きは終わりです。準備はできました。いよいよ体験レッスン
です。

体験レッスン受講時の注意点

　各スクールの体験レッスンを受けると、スクールの様子が分かります。入会する前にほとんどの方が受けています。ここでは、体験レッスンでの注意点を紹介します。

体験レッスンなのに日本語がまったく通じない

　体験レッスンを申し込んだところ、いきなり外国人講師から連絡が入り、そのまま英語で説明されてちんぷんかんぷんだったと言う人もいます。オンライン英会話スクールで体験レッスンを日本人スタッフが世話してくれるところはあまりありません。ただし、フィリピン人スタッフで日本語の上手なスタッフが対応するところはあります。

　いきなり外国人講師がペラペラと話しかけてきて、何が何だか分からない時には、"Good bye!" と言って通話を切れば良いでしょう。

体験レッスンの講師≠通常レッスンの講師？

　スクールによっては、指導のうまい講師を体験レッスン専門として配属していることがあります。体験レッスン専門の講師は通常レッスンを持たないので、体験レッスンの講師が気に入ったからといって、その人に教えてもらえるわけではありません。体験レッスンに潜む一つの問題です。

　つまり、体験レッスンの講師の雰囲気や人柄だけでスクールを決めてしまうのは危険だということです。

　この問題を避けるためには、体験レッスン時に、その講師のレッスンを受けられるかどうかを尋ねてみることです。「入会したらあなたのレッスン

!!!!!!!!!!!!!!!!!!!!!!!!!

を受けられるのですか？」と聞くのです。それに直接答えず、「他にも良い先生がたくさんいるから、誰でも大丈夫」というような返事でしたら、その講師のレッスンは取れないと考えて良いでしょう。

講師がしつこく入会を勧める

体験レッスンで一人入会すると、講師に成功報酬が出るというスクールがあります。こうしたスクールでは、講師は何とか入会してもらおうと熱心に勧誘してきます。

その場ですぐに決めずに、他のスクールとも比較してじっくり考える方か間違いありません。いくら熱心に勧められても遠慮せず、「よく考えてから入会します」と答え、通話を終えることです。

きちんと断れば、その後しつこく勧誘されることはありません。心配はいりません。

筆者の英語ひとり言 "l" の発音を身につけよう

日本語の「ラ」音は、舌が上の前歯の内側にくっついた状態から、ぱっと離しながら（ちょっと破裂する感じで）発音します。

ところが、英語の "l" 音は、その舌をくっつけたまま声を出すのです。試しに、舌を上の前歯の後ろにくっつけたまま "light"（ライト「光」）と言ってみて下さい。「ルアイト」という感じになると思います。

これが "l" の発音です。これも、正しい発音を覚えるには、この説明を思い出しながらネイティブの発音を聞いて真似して下さい。

オンライン英会話スクールの登録からレッスンまでの流れ

　体験レッスンを受けて受講してみたいスクールが決まったら、そのスクールに会員登録をすれば、いよいよオンライン英会話レッスンのスタートです。それでは登録以降の流れをご紹介しましょう。

受講登録をして、受講料を振り込む

　受講料の支払いには、銀行振り込みやクレジットカードが使えます。「Paypal」と言うインターネット振り込みサービスもあります。

最初のレッスンを予約する

　レッスンを受けるには、まず予約します。たいていのスクールがインターネット上に予約専用のページを設けていますから、そこから簡単に予約できます。

　予約には大きく分けて二種類あります。一つは、講師を選んで予約する方法です。講師一人一人の予定表、空き時間が表示され、自分の都合の良い時間に予約します。こちらは、人気講師の予約枠がすぐに埋まってしまい、なかなか予約できないのが難点です。

　もう一つは、自分の希望の時間で予約する方法です。講師は学校が割り振ります。この方式だと、自分の都合に併せてレッスンを受けられますが、講師を自分で選ぶことはできません。

　自分の希望の講師を指定して毎回予約を取る、いわば「担任制」のスクールもあります。数は少ないのですがこの方式は講師と仲よくなりやすく、レッスンが続けやすくなります。

オンライン英会話レッスンの準備

　レッスン開始の前に、コンピュータや Skype の作動チェックをします。コンピュータの電源を入れて、Skype を起動し、作動を確認します。Skype ソフトには、正常に作動しているか簡単にチェックできる機能がついています。"Echo / Sound Test Service" と言う ID がありますので、そこにコールすると通話が正常にできるか確認できます。

当日の教材を確認してコールを待つ

　準備ができたら、講師からのコールを待ちます。時間になるとコンピュータの画面に呼び出しマークが点き、ヘッドセット（またはスピーカー）から呼び出し音が聞こえます。電話と一緒ですね。

　「応答」マークをクリックすると、"Hello." と講師の声が聞こえてきます。レッスン開始です。

レッスンの終了と次の予定の確認

　レッスンの終了後に、次のレッスンの予定を確認します。スクールによっては次のレッスンの教材を送ってくるところもあります。スクールの教材リストから自分で探すところもあります。これでオンライン英会話レッスンは終了です。予約からレッスン修了まで、すべてコンピュータでやり取りしますので、最初はやり方にとまどう方もいるかもしれませんが、すぐに慣れます。

コラム 学生が「先生」？

　オンライン英会話スクールの講師に「学生アルバイト」も存在します。読者の皆さんは「学生アルバイト講師」にどのような印象を抱くでしょうか？「学生アルバイトでは頼りない」と言う意見と、「学生でも英語が上手なら構わない」と言う意見があることでしょう。

　学生が後輩や子どもを指導することは、日本に限らず他の国でも見られます。自分の知識、技術を他人に伝えること、やり方を教えることは動物にも広く見られる行動です。その意味では、誰でも「先生」になれるわけです。「学生」だからだめだということはないのです。

　ただし、知っていれば誰でも他人に教えられるような簡単なこと、例えば自転車の乗り方などではなく、日本史やスキー技術指導といった複雑な知識や技術ならどうでしょうか。それを十分に教える、指導するとなると、多少知っている程度ではなく、十分な学習・訓練、そして経験がないと良い指導はできません。高度な知識、技術を教えるには、それ相応の指導力が要求されるのです。

　「英会話」の指導とは、単に英語の言い方や言葉を説明するだけといった簡単なことではないのです。特に初心者の場合は、場面場面の言い方を教えたり、間違いをちょっと直してやる程度では不十分です。初心者が間違いやすいところ、難しいところを知っていて、それを分かり易く教え、少しずつ会話力を伸ばすには、英語についての広い知識、豊かな指導経験を必要とします。そうした意味では「学生アルバイト」では不十分です。ですから、本当に良い指導、専門的な指導を受けたい方は、若い講師だけのスクールは避けた方が良いでしょう。

Chapter 8

オンライン英会話スクールの実際と課題

スクールの比較に
口コミサイトは信用できる？

　スクールの善し悪しの判断に口コミサイトの評価を採用する人も多いでしょう。しかし、口コミサイトの書き込みをそのまま信じることはできません。理由は以下の通りです。

プラスの評価だけ記載してマイナス評価を掲載しない

　一般的に口コミサイトにマイナスの評価、つまり「良くない」という評価は多くはありません。「良い」評価のみが掲載される傾向があります（Amazon や Google map の評価は、マイナスの評価もしっかり載せています）。

　マイナス評価を掲載しないのは、特定のサイトに意図的にマイナス評価を入れ、営業妨害をする人がいるためです。また、口コミサイトの場合、オンライン英会話スクールが広告を出していますので、サイトとしても悪い評価は載せることをためらうのかもしれません。

　しかし、実際にはサービスに問題のあるスクールもあるはずですから、利用者としてはできればプラスもマイナスも、すべての評価を見たいところです。

口コミ書き込み業者の「ヤラセ口コミ」という問題

　口コミは利用者に記入してもらうのですが、スクールの希望通りには書いてもらえません。そこに目をつけたのが「口コミ投稿業者」「ヤラセ投稿業者」です。費用を払えば、上手に自然な投稿のように見せかけて「良い評価」の口コミを書いてくれます。

　この「ヤラセ口コミ」は、利用者には迷惑です。特定のスクールの評価

!!!!!!!!!!!!!!!!!!!!!!!!!!!!!!

を上げる、あるいは下げる目的で、「あることないこと」を書くわけですから、正しい情報が得られません。

口コミサイトの評価は、結局「個人の感想」

　実際の利用者が書く口コミであっても、それは良かれ悪しかれ「その人」の体験です。たまたま自分の好みにあった製品、サービスであれば評価が良くなりますが、製品やサービスが気に入らないと評価が悪くなります。

　個人の評価を見て、その製品やサービスが「良い」あるいは「悪い」と単純に判断することはできません。この辺りも注意が必要です。結局、一番頼りになるのは自分自身の体験と感想だということでしょうか。

※「口コミ業者」とか「やらせ口コミ」、「口コミ代行」などで検索してみてください。

カスタマーレビュー

★★★★☆ 星5つ中の4.2

119 件のグローバル評価

星5つ	████	52%
星4つ	███	31%
星3つ	█	8%
星2つ		3%
星1つ	█	6%

∧ 評価はどのように計算されますか?

　全体的な星の評価と星ごとの割合の内訳を計算するために、単純な平均は使用されません。その代わり、レビューの日時がどれだけ新しいかや、レビューアーがAmazonで商品を購入したかどうかなどが考慮されます。また、レビューを分析して信頼性が検証されます。

【図 8】Amazon.com のカスタマーレビュー（口コミ）評価の例

オンライン英会話教室の広告の
ウソとホント

　スクールを選ぶ基準に各校の広告を比較する人もいるでしょう。ここでは、オンライン英会話教室が広告でよく打ち出している「アピールポイント」の読み方と注意点をご紹介します。

日本語を話す講師

　入門レベルの人や中学生、高校生では「英語だけ」のレッスンは不安ですので「日本語を話す講師」のレッスンを希望する人が結構います。そこで、「日本語を話す講師在籍」と宣伝するスクールも出てきます。

　しかし、そういった講師の日本語のレベルには注意が必要です。日本語で上手に教えたり、適切な日本語の訳を教えられるレベルの外国人は多くはありません。日本語能力の高い外国人は、日本の企業で働く方が待遇が良いので、オンライン英会話スクールではあまり働かないのです。例えば、筆者の知り合いのフィリピン人女性は、日本の大学に留学後、フィリピンに帰り日本の企業に就職しました。給与は当スクールのマネージャーの2.5倍くらいだそうです。当スクールではとても雇えません。

明るく親切な講師

　オンライン英会話スクールでも、専門の講師は真剣ですし受講生に気を遣います。朗らかでフレンドリーな講師が多くいます。しかし、アルバイト講師はそれほど熱心ではないことがあります。英会話講師のアルバイトが嫌になったら、別のアルバイトを探せば良いからです。

　そういった講師の場合は、受講生があまり会話できないと、馬鹿にする

！！！！！！！！！！！！！！！！！！！！！！！！！！

ような発言をしたり、間違えるとクスクスと笑ったりすることがあります。インターネット電話レッスンでは、直接顔を合わせるのではないので、平気で悪口を言う講師も出るわけです。

ネイティブ講師

　「ネイティブ」を宣伝するスクールの場合、ネイティブ講師の人数に注意が必要です。100人講師がいるスクールにアメリカ人講師が一人いた場合でも「ネイティブ講師在籍」になるからです。こういったスクールでは、その講師のレッスンを受ける機会はほとんどありません。

　心配な人は、体験レッスンの時に、「毎回、ネイティブ講師のレッスンを受けることができますか」と尋ねてみると良いでしょう。

　しかし、「私はネイティブが大好き」という人は別として、フィリピン人講師であっても良い指導が受けられるのであればそれで十分です。

オンライン英会話スクールの数

　オンライン英会話スクールは、次第に多くの人に知られるようになってきました。しかし、インターネット上でしか見かけませんので、その活動は一般の人々にはそれほど知られていません。では、オンライン英会話スクールの実態はどうなっているのでしょうか。筆者が主催するASET English School（以下、当スクール）で2020年に実態調査を行いました。この調査を基に、インターネット上に開示している各スクールの情報を調べた結果を基にオンライン英会話スクールの実態を説明します。

　オンライン英会話スクールは2003年（日本での使用開始は2005年）に開発されたSkypeという無料通話ソフトウェアによって発達しました。サービス開始から18年ほどしか経っていません。まだ、発展途上の業種です。なお、ホームページに、2003年以前にサービス開始と記載してあるスクールもありますが、それは本書で取り上げるSkypeなどの無料インターネット通話サービスを使用したレッスンとは異なるものと考えられます。

　歴史が浅いために新規参入者も多く、小規模スクールもたくさんあります。2020年9月現在、「オンライン英会話スクール」として活動していると推測されるスクールは大小合わせて179校です。

　調査対象は「安価」であり、「フィリピン人教員」を中心に運営しいているスクールです。従来から日本にある大手の英会話スクールでオンライン英会話レッスンに進出したスクール、日本人や欧米人が中心のスクールなどは除きました。最終的に、調査数は143校になりました。

　なお、この調査時点では運営していたけれど、その後解散したスクールもあるかも知れません。そういったスクールは検索しても見つかりません

し、見つかって連絡しても返事がないこともあります。ご了承下さい。

　また、発展途上であるために、規模だけでなく、講師の数やその指導レ
ベル、受講料、サービスの程度などもスクールによってまちまちです。そ
のため、内容については当スクールで分析・解釈して分類しました。調査
は 2020 年時点のものですが、各スクールの現状を正確に反映していると
は限りません。スクールの実態については、各スクールのホームページを
ご確認になって判断して下さい。

※巻末にスクール名一覧を掲載

オンライン英会話スクールは
どのように運営されてるの？

オンライン英会話スクールはどのように運営されているのでしょうか。

本社所在地

　日本人を対象とするオンライン英会話スクールの本社所在地がどこにあるのかは、意外と知られていません。日本人への広報、募集活動は日本国内で行うのですが、レッスンを担当するのはほとんどがフィリピン人です。講師の募集やマネジメントはフィリピンで行われます。

　今回分析対象とした143校中105校は日本に本社を置いていました。フィリピンに本部を置くのは4校に過ぎません。なお、本社所在地が明記されていなかったスクールが29校ありました。これらのスクールはフィリピンに本社を置いているものと推測されます。

　日本に本部を置くスクールでも、前述の通りレッスン講師はほとんどがフィリピン人で、講師の募集やマネジメント活動はフィリピンで行われます。ですから、実際の企業活動の中心はフィリピンにあると考えられます。日本の本社は、受講生の募集、事務手続きなど、会社の事務的な運営を主にやっているものと思われます。

オンライン英会話スクールの規模

　2020年現在、オンライン英会話スクールは約140校ありますが、そのほとんどは受講生数を発表していません。一方、かなりの学校が講師の数は掲載しています。そこで、規模については講師の数を元に推測しました。

　講師一人が1週間に20人（一人1週間に2〜3レッスン）指導をすると

仮定して受講生数を推計すると次のようになりました。なお、講師数は多めに表示される傾向があると思われます。

　講師の人数が 500 人以上のスクールでは受講生が 10,000 人以上いることになります。これが超大規模校で、2020 年現在、12 校存在します。講師数 100 人〜 500 人未満（受講生 7,000 〜 8,000 人）の大規模校が 19 校、講師数 30 人〜 100 人未満（受講生 2,000 〜 3,000 人）の中規模校が 34 校、講師数 30 人未満（受講生 1,000 人未満）の小規模校が 37 校です。講師人数の掲載がないスクールも 41 校ありますが、これらは小規模校であると考えられます。

　このように見てくると、現在オンライン英会話スクールを受講している人は、日本国内で 50 万人超程度になると考えられます。なお、この数字は様々な仮定を積み重ねて推定していますので、実際と異なるかも知れません。しかし、極端にかけ離れた数字ではないでしょう。

【図 9】オンライン英会話スクールの規模イメージ図

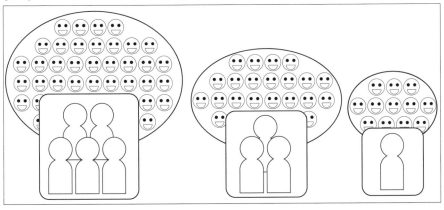

オンライン英会話スクールの
受講料はなぜ格安？

　オンライン英会話スクールの最大の特徴は、受講料の安さです。1レッスン当たり100円とか150円のスクールもあります。どうしてそんなに安くできるのでしょうか。

フィリピンを拠点とするスクールはランニングコストが安い

　ランニングコストを抑える秘訣は「フィリピンに拠点を置く」ことにつきます。後のページでフィリピンの事情について詳しく紹介しますが、フィリピンは日本に比べるとまだまだ物価が安いので、人件費や事務所費などを抑えることができるのです。

　また、オンライン英会話スクール講師は、自宅から自分のコンピュータ、自分のインターネット回線を通じてレッスンをします。日本の受講生も自宅でレッスンを受けます。

　つまり、本部のオフィス内に教室を設けたり、大規模な設備をそろえる必要がないのです。小さな事務所に少人数の運営スタッフの机とコンピュータを設置すればスクールの運営が可能です。これもレッスン料を安く設定できる理由です。

受講回数が少ない受講生、すぐ辞める受講生で利益が膨らむ

　毎日レッスンを受けても月額5,000円と言うスクールの場合、1回のレッスン料は5,000円÷30日＝約170円です。とても安く感じますが、ここに見逃しがちな問題があります。

　毎日受けると安くても、週に1回しか受講しなければ、1ヶ月のレッス

!!!!!!!!!!!!!!!!!!!!!!!!!!!!!!

ン回数は 4 回です。この場合、1 レッスンは、5,000 円 ÷ 4 = 1,250 円になり、結果的に高くなります。

　更に、入会して 1、2 回しかレッスンを受けずに辞めてしまった場合は、1 レッスン辺りの単価は 2,500 円～ 5,000 円にもなってしまいます。

　講師の給与は 1 レッスン当たり 200 円～ 300 円です。講師には給与として払った数百円の残りがスクールの粗利になります。受講回数が少ない受講生から、大きな利益が生まれるのです。

　飽きずに長く続けられる受講回数は、週に 2、3 回でしょうか。この場合でも、1 ヶ月に 10 回前後しかレッスンを受けません。そのため 1 レッスンの単価は、5,000 円 ÷ 8 回 = 625 円になります。 1 レッスン 100 円、150円というのは嘘ではないのですが、その金額になるのは、1 ヶ月 30 日間レッスンを受けた場合です。

筆者の 英語ひとり言　小数は単数形？　複数形？

　英語では、数えられる物は「一つ」かそれ以上かを厳しく区別します。一本の木は "a tree"、二本以上は "2trees", "3trees" となります。

　では、小数はどうなのでしょう。たとえば、5 メートルであれば、5 meters となりますが、0.5 メートルであればどうなるでしょう？

　これは、全て「複数」扱いになります。"0.5meters" です。

　ですから、単数になるのは "1" の時だけです。1本、1人、1回などの時に「単数」になり、それ以外はすべて複数形にします。ですから、ゼロもマイナスも複数になります。 0meters, -1meters です。

オンライン英会話スクールの講師について

　オンライン英会話スクールは受講料の安さが特徴ですが、安くするためには講師の給料を含む経営コストを低く抑えなければなりません。その結果、主として日本より物価が安く、平均給与も安いフィリピン人講師を雇用することになります。

　今回の調査結果では、講師の国籍として57校が「フィリピン人」としています。次に28校が「全世界」、18校が「ネイティブ」と記載していました。「日本人」となっているものは9校ありました。記載がなかったものは31校です。

　記載がなかったスクールの講師はほとんどがフィリピン人だと思われます。ネイティブや欧米人講師がいるならそのことを表示した方が宣伝効果があるからです。以上を考慮すると、フィリピン人講師のスクールは88校、約60％ということになります。

　なお、講師の国籍が「全世界」、「ネイティブ」と言うスクールが18校ありましたが、実際に「全世界」から来た講師がレッスンを担当しているとは限りません。全世界から講師を雇っているスクールもあるでしょうし、ネイティブ講師が主なスクールもあるでしょう。しかし、意地悪く推測すると、「アメリカ1人、オーストラリア1人、フィリピン人200人」でも「全世界」または「ネイティブ在籍」ということになるのです。

　また全世界、ネイティブ講師在籍のスクールの中には、日本国内に英会話スクールを持っており、そこで働く欧米人講師をカウントしている場合があると思われます。その場合、格安のオンライン英会話レッスンはフィリピン人講師が担当することになるのでしょう。

！！！！！！！！！！！！！！！！！！！！！！！！！！！！！

　なお、「日本人」講師というスクールも9校ありましたが、これらのスクールも日本国内で別に「英会話教室」を運営しており、そこで働く日本人講師をカウントしている可能性があります。もしそうであれば、格安のオンライン英会話レッスンを日本人講師から受けることはできません。

　受講料の安いオンライン英会話スクールの場合、「ネイティブ（欧米人）」講師、日本人講師のレッスンは受けられないと考えた方が良いでしょう。欧米人講師や日本人講師は給与が高いので、安い受講料では採算が合わないのです。

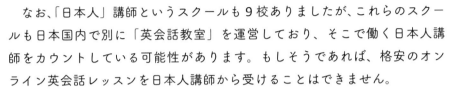
筆者の 英語ひとり言 イギリス英語？　アメリカ英語？

　同じ「英語」といっても、「イギリス英語」とアメリカ英語は異なります。

　まず、発音が違います。たとえば "better" は、イギリス英語では「ベター」ですがアメリカ英語では「ベラー」のように、また、"Not at all." は、「ノッタトー」(英) と「ノラロー」(米) のように聞こえます。アメリカ英語では、イギリス英語よりも音が「口の中にこもって」聞こえるのですね。

　単語の綴りが異なることもあります。「色」は、colour(英)/color(米)、「中心」は、centre(英)/center(米) となります。

　また、エレベーターに乗ると、一階のボタンが "G" となっているものと "1" となっているものがあります。イギリス英語では一階は "Ground floor"(地上階)、アメリカ英語では "1st floor"(1 階) と呼ぶのです。

　フィリピンやケニアなど英国の植民地だった国では、今でもイギリス英語の影響が見られます。フィリピンのオンライン英会話スクールでも、先生の発音がイギリス英語発音であることがよくあります。

オンライン英会話スクールの教材

　英会話の練習では教材を使いますが、インターネット通話を利用するオンラインクールはどんな教材を使っているでしょうか。

　調査した143校中、スクールで作成した「独自の教材」を使うもの36校、「市販の教材」を使うスクールが39校、「両方使う」スクールが33校、「記載なし」が35校となっていました。

　「独自」の教材を作っているスクールは、そのスクールなりの指導方針、カリキュラムがあるのでしょう。しっかりしたスクールであると思われます。ただし、独自の教材と言いつつ、市販の英会話の本とあまり変わらない教材を作っているスクールも見かけます。そういったスクールでは、そのスクール独自の指導を行っているかどうかは分かりません。

　「市販」の教材を用いるスクールは、特にそのスクール独特の指導方針はないと思われます。市販であれば、他のスクールも使っているので、指導内容は似たものになります。

　「記載なし」のスクールがどのような指導を行うのか分かりません。「インターネットニュース」を使うところもあるようでし、「講師が選んだ教材」というスクールもあります。最も注意が必要なのは、教材なしのレッスンでしょう。最初から教材がないところも含めて、「自由会話」のみのレッスンを行う講師がいるのです。

　経験の浅い講師、アルバイトの学生の講師の場合、教材を上手に扱えません。適当に教材の文を読んで、そのあとは「英語を話すだけで勉強になるでしょう」、と世間話を始める講師もいます。

　この調査とは別に、筆者がフィリピン人英会話講師に聞き取り調査をしたところでは、採用時研修が数時間というところがかなりありました。内

容はスクールの事務手続き、レッスンのやり方の一般的な説明と理解度確認テスト。そのテストで合格すれば採用、即講師というスクールが結構あるのです。

こういった研修であれば、どんなに良い教材であっても講師はそれを活かすことはできません。教材はスクールの指導内容を判断するには役立ちますが、良いレッスンを受けられるかどうかとは別問題です。

筆者の英語ひとり言 そのカタカナ語、本当に英語ですか？

日本にはカタカナ語があふれています。「エレベーター」や「サンドイッチ」……などなど。こうしたカタカナ語でも、元々英語だったものはそのまま通じることがありますが、なかには全く通じないもの、いわゆる「和製英語」というものがあります。例えばクーラーです。正しくは "air conditioner" と言わなければ通じません。

また、イギリス英語とアメリカ英語で異なるものもあります。

・トイレ：restroom (米)/bathroom (英)

他に代表的な和製英語では

・コンセント：socket (英)/outlet (米)

・アパート：flat (英)/apartment, condominium (米)

が挙げられます。"mansion（マンション）" は、大邸宅と言う意味なので、「私のマンションは2部屋なんだ」と英語で言うと……「そ、それはどういう大邸宅だろう？」ということになります。

他にも紛らわしい和製英語がたくさんあります。ゆっくり時間をかけて正しい英単語を覚えていきましょう。

オンライン英会話スクールで
よくあるトラブルについて

　オンライン英会話スクールを受講していると、たまにトラブルに遭うことがあります。どのようなトラブルが生じやすいか、いくつか例を挙げておきます。

コンピュータやインターネットのトラブル

　コンピュータの作動がおかしい、インターネットにつながらないなどのトラブルです。こうなると講師やスクールと連絡できなくなるので困ります。これは、PC を購入した家電量販店、コンピュータショップに問い合わせる、契約プロバイダに問い合わせるといった対処しかありません。

レッスン上のトラブル

　講師から連絡が入らない、講師の態度や指導法に疑問がある場合などです。講師のレッスンキャンセルは、振替レッスンで対処するのが普通です。一方、講師の指導法への不満は難しい問題になります。初心者が英語で講師にクレームを主張するのは困難です。スクールの本部に日本語メールで相談しましょう。

受講料のトラブル

　オンライン英会話スクールのレッスン料はとても複雑です。入会金の有無、月額制なのか、チケット制なのか、教材費は含まれるのか否か、税込か税別か、等々。
　受講料に関するトラブルを避けるために確認すべきポイントがあります。一つは、1レッスンあたりの単価、もしくは月額制の場合、トータルでの

月額受講料。もう一つは、教材費、入会金、その他特別の費用の有無。更に長期一括払いのスクールでは、返金制度が整っているのかも確認する必要があります。

オンライン英会話スクールに丁寧なサポートは期待できない

　調査したオンライン英会話スクール143校の中で、電話対応があるスクールは47校、skypeのみの対応が3校、電話対応のないスクールが84校、記載のないスクールも10校ありました。

　電話でのサポートがあるスクールは全体の1/3です。つまり、トラブルがあった時に、多くのスクールでは電話対応をしてくれません。また、電話対応があると謳っているスクールでも、対応人員の数には限りがありますので、いつでもすぐに対応してくれるとは限りません。

　なお、133校で「日本語対応あり」と記載がありましたが、日本人スタッフによる対応だとは限りません。日本語の話せる外国人スタッフが対応していることもあります。その場合、意思の疎通に問題が生じることもあります。

　格安のオンライン英会話スクールでは、トラブルがあった場合のサポートは期待できないと考えましょう。不安であれば、いつでも辞められる月額制か、チケット制ならチケットが安く少数から購入できるスクールを選ぶとよいでしょう。

　ただし、オンライン英会話スクールを受講すると分かりますが、大きなトラブルは滅多に起こりません。心配は要りません。

コラム オンライン英会話スクールの複雑な受講料システム

　オンライン英会話スクールの受講料は複雑です。入会前にしっかり確認する必要があります。以下、詳しく見てみましょう。

●月額制

月額制というのは、受講料を「毎月」、「定額」で支払う方式です。いくつかパターンがあります。

1）毎日1レッスン、1ヶ月間日数制限無く受講できる

毎日受けると1ヶ月30回も受けることができます。ただし、1ヶ月で3回しか受けられなくても受講料は同じです。ほぼ毎日受講できる人向けの料金体系です。

2）週、月で受けられる受講回数で月額料金が設定されている

週2回、または月に合計10回など、受講回数により月額料金が設定されている方式です。自分の好みの回数で受講できますので、経済的です。

●ポイント（チケット）制

まとめてポイント（チケット）を買っておき、レッスンを予約する度にポイント（チケット）を払うものです。いつレッスンを受けられるか分からない人には向いています。ただし、ポイントには有効期限があります。期限は3ヶ月程度が多いのですが、1ヶ月というスクールもあります。期限を過ぎると使えなくなりますので、注意が必要です。さらに、スクールを辞めるときに残ったポイントが返金されるかは確認しておきましょう。たくさんポイントが余っても返金されないと無駄になります。

●入会金、教材費

あまり多くはありませんが、スクールに登録するとき、入会金の必要なスクールもあります。また、受講料が税込み表示なのか税抜き表示なのかも事前にしっかり確認しましょう。

　教材費の必要なスクールもあります。独自教材のスクールではやや少ないようですが、市販の教材を使うところでは必ず支払うことになります。

●追加料金

スクールによっては発音指導や文法指導、英検や TOEIC などの指導を行うスクールがあります。その場合、特別レッスン費用が追加される場合があります。この点も前もって確認しておく必要があります。

●返金

毎月払いのスクールの場合は問題ありませんが、数ヶ月分、またはまとめてたくさんのポイントを購入しなければならないスクールでは、返金制度があるかないか確認が必要です。事情があって数回のレッスンで辞めてしまった場合、まとめて支払ってあると多額の受講料が無駄になってしまいます。

オンライン英会話スクールとの
上手な付き合い方

　オンライン英会話スクールはたくさんありますので、自分に合ったスクールを探すのは簡単ではありません。以下、いくつか探すためのポイントを挙げておきます。

自分に合ったレッスン回数を考えておく

　たくさんレッスンを受けたい、毎日続ける自信があると言う人は、「毎日受けても〇〇円」というスクールが良いでしょう。反対に、週、2、3回しか受けないと言う人は、月額制またはポイント制で、月額料金が安いところが良いでしょう。

　自分に負担のないレッスン回数が週何回くらいか考えておきましょう。多くの人にとっては週に2〜3回が負担の少ないレッスン回数です。そういう人が、「1ヶ月毎日受けて月額5,000円」というスクールで受講すると、結果的に高い受講料を支払うことになります。(「コラム：オンライン英会話スクールの複雑な受講料システム」参照)

ネイティブや日本語ができることにこだわらない

　良いスクール、良い講師であれば、講師がフィリピン人であっても日本語ができなくても、十分満足できるレッスンを受けられます。

　この点を確認するには、いくつかのスクールの体験レッスンを受け、実際に入会して確認してみることです。その際、1ヶ月で辞められるスクール、または返金制度がしっかりしているスクールを選ぶことです。そういったスクールでは、すぐに辞めてもあまり損をすることはありません。

Chapter8 オンライン英会話スクールの実際と課題

長く続けられるスクールを探す

　英会話力をつけるには長い時間がかかります。できるだけ勉強を続けやすい方法を選ぶ必要があります。その点では、オンライン英会話は優れています。受講料が安いので経済的な負担が少なく、好きな場所で好きな時間にレッスンを受けられるからです。

　何ヶ所かオンライン英会話スクールを受講し、気に入る講師を探すと良いでしょう。少し面倒に思うかも知れませんが、良い講師との出会いが英会話を続けられるかどうかの分かれ道になることもあります。

　なお、講師が選べないスクールよりも受講者が講師を選べるスクール、できれば「担任制」のスクールが理想です。同じ講師と長く続けると親しくなり、長く勉強が続けられます。

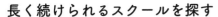

筆者の英語ひとり言　だまされた!?　くやしい!!

　海外旅行で「だまされた!」経験のある人は多いでしょう。「タクシー代を多く請求された」、「お土産を高く買わされた」などです。

　筆者も、ロンドンで、パリで、エジプトで、インドで、フィリピンで……と、数え切れないくらいだまされました。ついには「単語会話」で喧嘩をしたことも（笑）。

　しかし、実は、「だまされた」のではなく、「交渉しない」ために高くなってしまうことが多いのです。海外（特に途上国）では、料金や価格、その他を「交渉」で決めることが結構あります。

　自分の希望の金額より低めの金額からスタートし、にこやかに、お互い妥協できる価格まで粘るのです。極端な値引き交渉はだめですが。

# オンライン英会話スクールが
もたらした功績

オンライン英会話スクールが始まって 20 年ほどになりますが、この間に
日本の英会話スクールおよび、英会話学習に関する考え方は大きく変わり
ました。同時に国際理解についても様々な変化をもたらしました。まずは、
オンライン英会話スクールが日本の英会話学習にもたらした功績を見てみ
ましょう。

「英会話学習」を身近なものした

英会話の学習は、従来は英語学校や公的な学校で学ぶものでした。講師
が教壇に立って、その前に生徒が座り、英文を読んだり質問に答えるなど、
「授業」のような感じで行われたり、決まった時間に決まった場所に行き、
先生を囲んでグループで英会話の練習をしたりするのです。

ところが、オンライン英会話はまったく違います。決まった場所があり
ません。決まった時間もありません。どこでもいつでもレッスンができる
のです。しかも、そのレッスンはマンツーマンです。

受講料の安さも特筆されます。従来の英会話スクールが月額〇万円とい
う料金であったのが、オンライン英会話スクールでは月額〇千円と、一桁
安い料金で受講できるのです。

これは極めて大きな変革でした。英会話の学習がとても身近なものになっ
たのです。インターネット時代の英会話学習、英会話教育のパラダイムシ
フト（考え方の大転換）と言えるでしょう。

本物の英会話学習を導入した

　ここで「本物の」と言ったのは、「英語で英語を学習する」ということです。日本語の説明も補助もなしに、レッスンの初めから終わりまで英語だけで練習することです。英語ではありませんが、筆者の実体験を紹介します。

　まったくの初心者であった筆者が、パリでフランス語会話を初めて勉強したときのことです。最初の時間に、フランス人の先生が何も言わずに自分の目を指でさし、次にその指を黒板に当て、"Regardez"（リギャルデ）と言いました。それから、両手を耳に当てて音を聞く仕草をして、"Écoutez. Écoutez Bien."（エクテ。エクテ ビヤン）と言いました。意味がわかりますか？ "Regardez." は「見る」です。"Écoutez." は「聞く」です。

　このような段階から始まり、次第にフランス語の単語、文を覚えていきます。教科書があり、英語で説明が書いてあるとは言え、授業はすべてフランス語でした。その時、「これが本物の外国語の勉強なんだなぁ」と感心したことを覚えています。

　オンライン英会話は、日本国内でそれを実現しました。講師は日本語を話しません。すべて英語でやりとりをします。しかもマンツーマンだから逃げられません。何とかして理解しなければならない。これが「本物の」英会話教育なのです。オンライン英会話は、今まで日本でほとんど見られなかった新しい英会話学習スタイルを持ち込んだのです。これは大きな功績と言えます。

オンライン英会話スクールが
もたらした問題

　このような大きな功績に隠れてあまり意識されることがないのですが、オンライン英会話スクールがもたらした問題もあります。

フィリピン人への間違った印象

　オンライン英会話スクールがもたらしたもっとも大きな問題は、「フィリピン人は時間にルーズだ」、「いい加減だ」などの間違った印象を与えたことです。これらの印象は、日本国内にある英会話スクールの講師（多くは欧米人ですが）にはあまりないように思います。

　日本国内の英会話スクールならば、一箇所に英会話の講師も事務担当も他の生徒も集まっていますから、時間割通りに、全体が正確にスムーズに進みます。しかし、オンライン英会話スクールでは、講師は個人事業主的な立場にあります。オフィスおよび日本人スタッフは、各講師のタイムマネージメントなどは行いません。

　また、講師のなかには、副業として「ちょっとやってみようか」と働くアルバイト講師もいます。そうした講師はプロとしての自覚も乏しく、自分の都合でレッスンのドタキャンをすることもあれば、教え方がいい加減なこともあります。

　こうしたことが、前述のようなフィリピン人への間違った印象を作ってしまいました。しかし、これは運営する会社の責任です。フィリピン人の特性ではありません。現に、オンライン英会話スクールでも熱心で真面目な講師の方が多数ですし、日本や他の国で働くフィリピン人は、きちんと時間を守り責任を持って仕事をしています。

！！！！！！！！！！！！！！！！！！！！！！！！！！！！！！

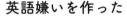

英語嫌いを作った

　特に入門者や小学生、中学生に生じやすい問題です。筆者の運営するスクールでも発生しました。

　原因は単純で、講師が生徒の理解度を考えずに、スクールで決められたやり方で機械的にレッスンをするのです。生徒は分からないまま、嫌々続け、次第に英語嫌いになります。

　講師が今何を言っているのか、何をやっているのか、まったく分からない。こんなことが続くとレッスンが嫌になって、ついには「自分には英語は向いていない」とか「もう、英会話なんか勉強したくない」と拒否感まで生じるのです。

　小学生や中学生の場合、この拒否感は将来に禍根を残します。中学校、高等学校では英語の授業は必修ですし、受験でも英語の試験があります。英語に拒否感を持ってしまうと、中学校、高等学校での学習、その先の受験にまで計り知れないマイナスの影響を与えてしまうのです。

　この問題を避けるのはなかなか困難です。オンライン英会話スクールは「学校」を称していても基本的にビジネスです。レッスンの進め方は各講師の裁量に任せているところもあり、こうした問題に気付きづらいのです。ですから、そういった問題が起こりそうであれば、すぐにレッスンを中止する、あるいはスクールを辞めさせることです。

　小学生、中学生の場合「頑張れ」「これくらいでめげるな」などと無理をさせるのは良くありません。「しばらく休んで、また、その気になったら続けよう」と、あっさり見切ることが大切です。

コラム 英会話の先生は日本語を話さない方が良い？

「日本語の分かる講師」には、英会話学習上マイナスの面がいくつかあります。

まず、「何とかして相手の言っていることを理解しよう」と真剣にならないことがあげられます。分からなければ、日本語で尋ねれば良いと、気楽な気持ちになってしまうからです。講師も受講生が分からない時には、すぐに日本語で説明しようとします。その結果、リスニング能力もスピーキング能力も練習効果が落ちる危険があります。

また、「相手が言おうとしていること」を「推測」する力が育ちにくくなくなります。

例えば、相手の話した文の中で、"You" "like" "shop" "go"と言う言葉が聞き取れたとします。すると、これは、「あなたは店に行くのが好き」とか何とか言っているんだな……と、判断します。これが、推測の能力です。ところが、その意味を考えるより前に、講師が、「アナタ、ミセニイクノガスキデスカ」と意味を教えてしまったら、受講生は頭を使いません。推測する能力を伸ばす絶好の機会がなくなってしまうのです。

文全体か聞き取れなかったとしても、聞き取れた単語、あるいは絵や状況などを手がかりに相手がいいたいことを推測する力は大切です。コミュニケーションの力の基本です。そして、それを伸ばすことが、語学の学習では重要です。

そのためには、講師の言葉に一生懸命耳を傾け、分からなければ尋ねて、さらにもう一回言ってもらって……と頑張ることが必要です。

英語が得意でない人には辛いでしょうけれど、日本語がまったく分からない講師のレッスンが英会話力を伸ばすのです。

Chapter 9

フィリピンという国、そして世界の英語教育

フィリピンてどんな国？①

　格安のオンライン英会話スクールは、そのほとんどがフィリピンに本部を置いています。この章では、オンライン英会話に縁が深いフィリピンについて紹介します。

フィリピンの地理

　フィリピン共和国は、北部のルソン島、中部のピサヤ諸島、南部のミンダナオ島を中心に、大小 7,000 余の島を含む海洋国家です。首都マニラはルソン島にあります。

　地理的には、マレーシアや台湾、インドネシア、ベトナムと海を隔てて接し、遠くは日本、中国などとのつながりもあります。日本の祖先の一部は、フィリピンから渡来したという説もあります。

フィリピンの歴史

　フィリピンは、石器時代からマレー系の人々が流入してきて島々に広がり、文字文明を持った都市国家を作ってきたとされます。しかし、7,000 に及ぶ島々の全体をまとめる一つの国家には発展しなかったようです。

　16 世紀の大航海時代にスペインがフィリピンを自国の領土として支配し、植民地時代が始まります。そして、19 世紀の終わり頃に勃発したアメリカとスペインの戦争で、アメリカはスペインに勝利しフィリピンを占有します。その後、20 世紀に入る少し前からアメリカの植民地になりました。

　第二次世界大戦で一時日本の支配下に入ったりしましたが、日本の敗戦に伴い、それ以前の約束であったアメリカから独立を成しとげ、現在のフィリピン共和国になりました。

！！！！！！！！！！！！！！！！！！！！！！！！！

フィリピンの言語

　フィリピンの公用語はフィリピン語（タガログ語が基礎）と英語ですが、地域によって異なる 200 近い言語が使われています。また、スペイン語も使われています。さらに、地域語としては、タガログ語、セブアノ語、イロカノ語、ヒリガイノン語、ワライ語、ボホラノ語、ビコール語、パンパンガ語などがあります。それぞれの言葉の間では相互に理解できないほどの違いがあります。こういった複雑な状況のために、大多数のフィリピン人は複数の言語を話します。フィリピン語と英語はもちろんのこと、出身地の言葉を話す「トリリンガル（3 言語話者）」やそれ以上の「マルチリンガル」の人がほとんどです。　日本語しか話せない日本人から見たらうらやましい話です。

フィリピンの人々と宗教

　多数民族の集まりであり、顔立ちや肌の色に違いがみられます。マレー系の人々をメインに、中国系やインド系、ミクロネシア系やメラネシア系など、多様な人種が入り交じって構成されています。

　顔立ちも、日本人と見分けがつかない人から、インドやスペイン、ミクロネシア、メラネシア系の人々と、実に多様です。

　宗教は、スペインの植民地であった影響からカソリックが 80%、プロテスタントが約 10% と、アジアには珍しいキリスト教国家です。南部のミンダナオ島では、イスラム教の人々も多くいます。

フィリピンてどんな国？②

フィリピンの物価事情

「オンライン英会話スクールはなぜ格安？」のページでも少し触れましたが、さらに詳しくフィリピンの物価事情を紹介します。

フィリピンの最低給与は都市部で1日1,100円（現地通貨で500フィリピンペソ）郊外では1日780円（現地通貨で350フィリピンペソ）になります（2020年12月：JETRO）。例えば、フィリピンのマニラ市周辺で不動産を借りると、2DKのアパートの家賃は安くて7,000円／月（3,000フィリピンペソ）、高くて18,000円／月（8,000フィリピンペソ）です。一方、東京近郊で不動産を借りると、安くても50,000円／月、高い物件を見ると限りがありません。

日本とフィリピンではこれくらい物価が違うのです。

フィリピンの交通事情

フィリピンのマニラを訪問したことのある人は知っているかと思いますが、道路の渋滞ぶりには驚かされます。どれくらい渋滞が激しいかと言うと、1分間に100メートル進むか進まないかということもざらにあるのです。道路は貨物トラック、個人の乗用車、バイクなどで溢れ、動きがとれないほどです。朝夕の通勤時間には、マニラの国際空港から筆者のオフィスのあるケソン市まで、直線距離で15kmほどですが、4時間以上かかることがあります。

そういった訳で、日中外出したオンライン英会話スクールの講師が、時間までにオフィスや自宅に辿り着かず、レッスンの予約時間に間に合わないこともあります。これは、交通事情によるものなので、講師に責任があるわけではありません。

　「フィリピン人は時間にルーズだ」という印象は、こう言った交通事情が知られていないことにもあると思われます。

　また、フィリピンでは鉄道はあまり発達していません。首都マニラに市内電車が開通したのは 1984 年のことです。それから少しずつ建設が進み、2020 年現在、3 路線が運行しています。2021 年よりモノレールが加わる予定ですが、マニラ首都圏の全人口 1,288 万人には十分ではありません。そのために、次頁のような公共交通機関が利用されています。

【図 10】フィリピン共和国の位置

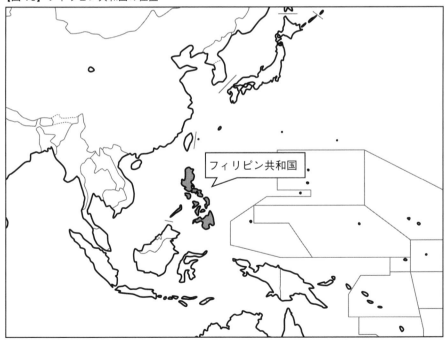

フィリピン共和国

フィリピンてどんな国？③

大型バス

　郊外や大きな街の間では大型バスが走っています。こちらは日本のバスと変わりません。エアコン完備のバスもあります。料金は長距離になるために高めです。

ジプニー

　小型貨物自動車を改良して製造された乗り合いタクシーで、フィリピンでもっとも良く見かける交通機関です。カラフルな塗装、装飾電球などをつけて個性を競っています。定員は15人前後、全区間7ペソ＝15円程度（2019年現在）と、大変便利で格安です。

タクシー

　日本のタクシーと同じです。クーラーも運賃メーターもついています。闇タクシーもあります。料金は、初乗り40ペソ（86円程度）と高めです。

！！！！！！！！！！！！！！！！！！！！！！！！！！！！

トライシクル（トゥクトゥク）

バイクの横に二人乗りの屋根付き荷台をつけたバイクタクシーで、近距離の移動に使います。運賃は最初に交渉します。ジプニーと同程度です。

バイクタクシー

バイクの後部座席に乗せるもので、狭いところもどんどん入っていけるので目的地には早く到着できますが、かなり危険を伴います。トライシクル同様、値段は交渉です。

【写真提供】
ジプニー、タクシー、トライシクル：Rowena Agcanas
バイクタクシー：Tsuyoshi Nishikata

フィリピンてどんな国？④

フィリピン人の家族感

　フィリピンは家族を大切にする国です。休日や家族の誕生日にはみんなで集まってお祝いをしたり、食卓を囲んでおしゃべりを楽しみます。フィリピン人にとって「家族と過ごす時間」が一番幸せな時間なのです。また、フィリピン人はそれを誇りに思っています。ホームタウンから数百キロ離れた都市部で仕事を持っている人が、ホームタウンの家族の誕生日を祝うために、休みを取って駆けつけるということさえある国です。

　しかし、これは仕事の面から見ると不都合なこともあります。講師が突然レッスンをキャンセルすることもあるのです。例えば講師から、「今度の金曜日、田舎のお母さんの誕生日だからレッスンお休みね」と突然連絡が入ることがあります。「いや、それは困る」と言うのは日本人的な感覚で、フィリピンでは「それなら仕方ないか」と捉える人が多いのです。

　病気になったといった事情ならばともかく、「え、家族の誕生日で仕事休むの？」と驚く人が多いでしょう。でも、それがフィリピンの社会なのです。憲法の中にも「家族を大切する」ことが義務としてわざわざ記載されているほどです。

外国への出稼ぎ

　出稼ぎという言葉にはあまり良い響きがないかも知れませんが、フィリピンは、この「出稼ぎ」が国の経済を支えています。

　フィリピンの国内には重工業（鉄鋼や大型の機械などの生産）が少なく、独立して日が浅いこともあり、未だ発展途上です。国の経済もそれほど豊かではありません。また、前述のように平均賃金も物価も先進諸国に比べ

146

て低く留まっています。

　そのため、優秀なフィリピン人が賃金の高い先進諸国で働き、その一部を故国の家族に仕送りすれば、家族は十分に生活ができます。それが、結果的にフィリピン経済を豊かにするわけです。「出稼ぎ」、「仕送り」は、フィリピンにとって有益な経済活動であるわけです。

　先進国の側から見れば、自国で不足する労働力を供給してくれるフィリピンは重要です。厳しい仕事であっても嫌がらず頑張って働いてくれるフィリピン人は、先進国の様々な産業にとって極めて貴重な存在であるのです。

語学に堪能なフィリピン人

　フィリピン人は語学が堪能です。英語・フィリピン語のバイリンガルは当然、マルチリンガル（３言語話者）が普通という国です。また、島国で他の国と近く、昔から交流が盛んです。植民地経験などもあります。こういったことから、フィリピンは、「孤立した島国」である日本と異なり、他国との関わりや交流が盛んです。

フィリピンてどんな国？⑤

フィリピンの主要産業、海外企業のコールセンター

　大きな企業には、その製品やサービスについて顧客からの問い合わせを受ける部署があります。「コールセンター（電話相談窓口）」です。

　コールセンターの仕事は電話で行われます。インターネット回線を通じた通話が普及した現在では、通信料金の負担は随分と小さくなりました。ですから、オフィス賃料や人件費の高い自国ではなく、安い他国でコールセンターを運営する方が企業にとっては合理的です。そこで欧米の企業は、英語が話せて学歴も高い人材を容易に獲得できる国、フィリピンにコールセンターを設置するのです。

　「コールセンター」業務は、フィリピン以外にも、インド、シンガポール、香港などでも設置されています。少し古い資料ですが、ジェトロ（JETRO：日本貿易振興機構 2006 年）によると、フィリピンには 105 ヶ所のコールセンターがあり、11 万 2,000 人が働いていました。現在ではフィリピンは上記の国々の中でトップとなり、68 万人のスタッフが働いています（民間企業調べ）。フィリピンでコールセンター業務が盛んである理由は、以下の通りです。

公用語の英語に加えて、スペイン語を話せる人も多い

　フィリピンでは、幼稚園で英語を学び始め、小学校から英語で授業が行われます。もちろん先生たちは流暢な英語を話します。貧困のため学校をドロップアウトした子どもたちでさえブロークンな英語を話します。

　同様にスペイン語も中等教育で取り上げられることがあり、スペイン語

学習も盛んです。スペイン語に堪能な人も多くいます。

　このように、元々語学に長けた人がたくさんいるのですから、英語もスペイン語も、少し訓練すれば、案内や苦情受け付けといったコールセンター業務を十分にこなすスタッフが養成できます。

大学が多く高学歴の人材が確保しやすい

　フィリピンは教育レベルも高く、フィリピン全土で 2,374 校（同一大学の別キャンパス、サテライト校を含む：JICA, 2015）の大学があり、進学率35.48%（Global note 2018）と、先進諸国と変わらない高学歴社会です。それだけに、優秀な人材を集めることも容易です。

　「学力や知識水準が高く語学に堪能である」と言うことに加えて人件費が安い。こうした事実も、欧米諸国のコールセンターがフィリピンに多数設立されている理由の一つです。

フィリピン大学：撮影 ISHIBASHI（Photolibrary）

世界の「英語教育」

　世界には英語を公用語としている国がたくさんあります。特にアフリカ諸国に多く、ケニア、タンザニア、南アフリカ、ガーナなど数十ヶ国あります。アジアではフィリピン、インド、パキスタン、シンガポールなどです。以下、それらのいくつかの国の英語教育の様子をみてみましょう。

フィリピンの英語教育

　フィリピンでは、学校教育は基本的に「英語で」行われます。筆者が見学した小学校2年生英語の授業の様子を紹介します。

　まず、先生が簡単な英語で絵を見せ、ストーリーを話します。その後、簡単な質問を出すと、生徒は "I know it! I know it!" と我先に手を上げるのです。当てられた生徒は、英語でスラスラと答えます。

　そんなやりとり以外にグループ作業もありました。それぞれのグループに与えられた何枚かの動物の絵を並べ、簡単なストーリーを作ります。4、5人で絵を並べ替えたり、説明の言葉を選んだりしながら意味のあるストーリーを作り、その後グループごとに発表するのです。

　筆者にとって、この光景は正直ショックでした。日本では、小学校5年生くらいで、英語の歌を歌ったり、交代で挨拶の練習をしたり、英語の単語カルタやゲームなどをする程度なのですが（2020年現在）、フィリピンでは、小学校の2年生から、すでに「英語で」授業をしているのです。

　ここで上げた例は「英語」の授業でしたが、小学校中学年くらいからは「理科」や「算数」の授業が英語で行われるようになり、最終的に全教科が英語だけの授業になります。そもそも、全ての教員が英語を流暢に話すのです。

！！！！！！！！！！！！！！！！！！！！！！！！！！！！！

ケニアの英語教育

　ケニアも公用語は英語です。ケニアは、国の経済力が低いために、学校の設備も十分ではありません。それでも、日本で言う中学校までは義務教育ですし、授業料も無料です（設備費や制服、学用品などは負担しなければならない）。ただし、児童数に比べて学校数が不足しがちなので、1クラス60人、70人のところもまだあります。

　ケニアでも保育園の段階から、アルファベットや物の名前など英語の学習が始まります。小学校の低学年では、その地域で主に使われる言語（スワヒリ語やマサイ語など）での授業が多いのですが、次第に英語の授業が増え、最終的には小学校の高学年ではすべて英語での授業になります。

　ケニアの幼稚園、中学校なども見学しましたが、幼稚園ではアルファベットや英語の単語を覚えることから始まります。日本の幼稚園と異なり、保育に遊びはほとんど入りません。スワヒリ語や英語、算数などの勉強が中心です。

　ケニアでは、英語の能力が進学や将来の仕事に大きく影響します。また、仕事においても英語の能力がそのまま高評価につながる傾向もあります。そういったことから英語教育は熱心です。ただ、小学校でドロップアウトする子どももいるので、すべての人々が英語を上手に話す訳ではありません。

　これも正直のところショックでした。日本の幼稚園児がごっこ遊びやお絵かき、かくれんぼなどで遊んでいるときに、ケニアの子どもたちは勉強しているのです。もちろん、勉強ばかりが良いとは言いません。「豊かな情緒」や「健康な身体」、「社会性を育てる」ことも大切です。

　とは言え、ケニアよりも遙かに充実した日本の学校教育を卒業した日本人が、「国際人」に必須とも言える外国語をほとんど話せないのです。これをどう考えたら良いのでしょうか。

オランダにおける英語教育

　英語が公用語ではない国でも、英語は学校教育の中で重視されています。欧州諸国でも同様で、フランス、ドイツなど、軒並み英語の授業を必修、または選択で学習します。なかでもオランダの小学生、中学生の英語能力は極めて高いことで知られています。オランダの英語教育は義務教育開始の 5 歳前後には始まります。英語は週 3 コマあり、1 〜 2 年生は 1 コマ 20 分、3 〜 8 年生（オランダの義務教育は 5 歳〜 12 歳の 8 年間が初等教育、13 歳〜 18 歳の 4 年間が中等教育の 8・4 制で、公立・私立ともに義務教育は無料）は 1 コマ 30 〜 60 分間の英語学習を行います。

　驚くのは、オランダの学校における英語教育の到達レベル目標です。例えば 12 歳（オランダの 5 年生、日本では小学 6 年生に相当）の到達目標は、CEFR の A1-A2 です。

　CEFR（Common European Framework of Reference for Langages）と言うのは「ヨーロッパ言語共通参照枠」と呼ばれるもので、外国語の学習・教授・評価のために欧州各国で広く用いられています。表 4 は、様々な英語テスト間の対応をまとめたものですが、CEFR の A2 と言うレベルは日本の文部科学省が実施している実用英語検定の準 1 級に当たります。オランダの英語教育では、日本の小学 6 年生相当の年齢で英検準一級に到達することが

求められているのです。

　教員についても高い英語力が要求されます。英語を教える資格を含む小学校教員養成課程への入学条件は、CERF の B2 となっていますが、これは、英検でいう1級に相当します。

　ここで注目して欲しいのは、この条件が「教員免許」の条件ではないということです。これは教員養成大学の「入学」条件なのです。日本で言えば、高卒認定で要求されるレベルに当たります。

　歴史も地理も異なる欧州とは言え、日本とのあまりの違いに愕然としてしまいます。国際化が進む現代において、日本の英語教育が「受験のための」「ヨミカキ」指導に終始していて良いのでしょうか。

【表4】CERF 英検レベル対応表

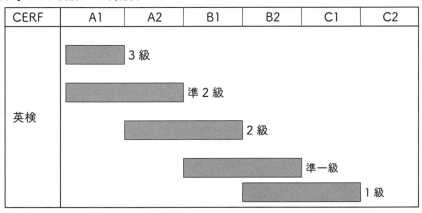

CERF	A1	A2	B1	B2	C1	C2
英検	3級					
	準2級					
		2級				
			準一級			
			1級			

CERF（ヨーロッパ共通参照枠：文部科学省平成30年3月より作成）

コラム　世界にはばたかない日本の若者

　アメリカで超一流の大学と言えば、ハーバード大学がまず頭に浮かびます。実際には、スタンフォード大学やマサチューセッツ工科大学などの方が評価が高いのですが、日本では、ハーバード大学が有名ですね。

　さて、このハーバード大学、近年はアジア系の学生が多くなっていることがたびたび新聞で報道されています。特に多いのが中国人学生で、それに韓国人学生が続きます。2016 ～ 2017 年度は、日本の新聞報道によれば、中国人留学生 921 名、韓国人留学生 305 名でした。

　さて、この期間、日本人留学生は何人だったと思いますか？　たったの 107 名です。中国は国の人口が多いので留学生も多くなることは理解できますが、韓国の場合は全人口が日本の半分なのに、留学生数は 3 倍なのです。

　日本人の若者が世界的にみると、だんだん引きこもりになって来ているように見えます。このことは、外務省の統計にも表れています。2002 年から 2009 年にかけて、留学生数が中国は 3 倍、韓国が 2 倍近く増加していますが、日本は逆に 20% ほど減少しているのです。

　国際化の進む世界で、若者にはどんどん海外に出かけ、多様な未来に向けて経験を広めて欲しいものです。残念ながら、実態は逆で、日本の若者は「世界に羽ばたかない」のです。このままでは、世界の流れから日本は取り残されていくのではないでしょうか。

Chapter 10

これからの
日本の
英会話学習

日本の英語教育と
オンライン英会話スクールの未来

　オンライン英会話スクールの様々な側面を見てきました。この新しい学習法は、今後どのように発展、変容していくでしょうか。衰退することはないのでしょうか。最後に、それについて考えてみましょう。

リモート学習の普及

　2020年に発生した「新型コロナウイルス」への対応として「リモートワーク」が奨励されました。その結果、大企業を中心に、自宅で仕事をするワークスタイルが広がりました。

　ただし、この「リモートワーク」という労働形態は、日本が遅れていただけで、西欧諸国では、早くから広く行われていました。今回のコロナウィルス問題で、うまく対応した国の一つとしてドイツが上げられますが、ドイツでは「リモートワーク」が元々かなり発達していて、今回のロックダウンでは90%の人々がリモートワークをしたという話が、新聞で報道されました。

　このような働き方革命は、1970年代に始まる「情報化社会」によって実現したわけですが、このことは、アメリカの未来学者であるアルビン・トフラーが1980年に出版した「第三の波」の中で「新分散型社会」という表現で予言していました。

　トフラーは、「情報化社会の発展により、通勤という勤務形態が減少し、人々は会社から離れた自然豊かな環境の中に住み、そこから情報機器を使って仕事をするようになる」と主張しました。

　トフラーが述べたような「新分散型社会」が、彼が考えたような形で実現するかどうかは別として、今後は、ワークスタイルだけではなく学習ス

タイルも「リモート学習」が増えると考えられます。週に数日登校し、他の日は自宅でインターネットを利用して学習する学習スタイルなど、様々な形が現れるでしょう。

　オンライン英会話の学習スタイルは、まさに、そのような新しい時代の学習スタイルを先取りしたもので、これからもますます発展する可能性があります。

自動翻訳の普及

　一方、情報技術の進歩は「英語」学習にマイナスの影響を与える可能性があります。

　情報機器の発達は早く、現代社会の様々な分野にどんどん広がっています。特に進歩が著しい分野にAI（人工知能）があります。「ディープラーニング」という言葉を聞いた人も多いでしょう。これはコンピュータの「自己学習」機能のことですが、この発展は信じられないほど急速で、すでにチェス、将棋、囲碁などの分野で、各界のトップ選手にまさる力を持つに至っています。

　このAIによる「自動翻訳」の発展は、英会話についての人々の考え方に大きな影響を及ぼす可能性があります。本書の冒頭の方でも取り上げましたが、「自動翻訳機があるから英語を学ぶ必要はない」という考え方を促進するかも知れないのです。

　Chapter2で述べたように、「現時点」では、携帯型の自動翻訳機などはインターネットに接続しないと使えませんし、同時通訳ができるわけでもありません。つまり、まだ「これさえあれば英語ができなくても大丈夫」

と言う段階ではありません。

　ただし、将来は分かりません。携帯端末の性能の向上、特に情報機器の内部の記憶装置が大幅に向上すれば、プログラムや翻訳のための辞書などが機器に内蔵できるかも知れません。また、翻訳能力や速度が向上し、同時通訳的に使えるようになる可能性もあります（「ドラえもん」に出てくる「ほんやくこんにゃく」の実現です）。そうなると、本当に「英会話ができなくても困らない」ということになるかも知れません。

　そうすると「英会話スクール」という存在は次第に必要とされなくなっていくかも知れません。いや、消えてなくなることはないにしても、「英語」を勉強しようとする人が少なくなれば、多くの英会話スクールが必要なくなるでしょう。

　学校教育の中でも、「英語」についての考え方や学習内容が変わっていくかも知れません。どの国の言語でも正確に簡単に通訳してくれる機械が出てきたとき、学校教育の中で、わざわざ「外国語」を学ぶことの意味が問われるようになるでしょう。特に、それが「英語」でなければならないという理由は消えていくでしょう。

　オンライン英会話スクールを含めて、英会話学習について、時代は大きな曲がり角に来ていると言えると思います。

！！！！！！！！！！！！！！！！！！！！！！！！！！！！！！

——あとがき——

　外国、特に途上国に行って思うことは、「なぜ日本人は英語を話さないのか」ということです。筆者は決して英語はうまくありません（英会話スクール代表の発言としては不適切ですが）。

　それでも、何とかやってきました。

　もちろん失敗も数え切れないくらいしましたし、嫌な思い、恥ずかしい思いもしました。しかし、反面、友人もたくさんできましたし、様々な体験もできました。

　正直に言いますと、筆者は、結構「単語」だけの会話をします。例えば、ケニアなどの野外マーケットで買い物をする時などは、使う単語・文は以下の３つです。"How much?"（いくら？）、"Expensive!"（高い！）、"OK."（いいね、買うよ）これで十分なのです。

　もちろん、どんな場面でも単語だけでうまくいくわけではないのですが、道を尋ねたり、買い物をしたり、ホテルに泊まったり、レストランで食事したり……。案外単語だけか、簡単な文だけでも十分コミュニケーションできるのです。

　「単語会話」なんて、英語教育に関わる人からは「邪道」といわれそうな考え方ですが立派に役立ちます。途上国では特にそうですが、文章で長々と説明する方が分かりにくいことさえあります。

　単語だけだったら、日本人は英語が話せるはずなのです。脳内には学校で学習したたくさんの英語の知識が眠っているのですから、「頭の中を引っかき回して」、「単語会話」を続けている内に、頭の中で眠っていた単語が次々と目を覚まします。

　心理学では一度学習した知識や技術は、忘れたように思えても、実際には脳内のニューロンのネットワークとなり、長期間残っているという仮説があります。これは、大脳の手術の際の実験などでも裏付けられています。

　つまり、単語も英文を組み立てる知識だって、脳の中に残っているはずなのです。"You like dogs." という文の「疑問文」は、どうなるでしょう。

"Do you like dogs?" と言う文が頭に浮かびますね。同じように "You are a tennis player." と言う文の「否定文」は、"You are not a tennis player." です。思い出した人も多いことでしょう。

　このように単語だけではなく、文の決まりも脳の中に残っているのですから、それらを引き出す機会があり、練習を続けていれば、日本人はみんな英語が話せるようになるはずです。

　外国人と話す機会は様々ですが、一番手頃なのが「英会話スクール」です。そして、その中でも「オンライン英会話スクール」という、21世紀に現れた新学習法はとりわけ有効です。この学習方法の出現により、誰でも気軽に英会話を勉強し、英語が話せるようになる可能性が開けたのです。

　外国への関心と英会話学習には関係があります。外国への関心が英会話の動機づけとなり、英会話学習が外国への関心を高めるのです。「たかが英会話、されど英会話」なのです。

2021年　春

西方　毅

注 この本の中で脳の働きを説明しましたが、その内容は、やや古い脳科学の理論に基づいています。最近の脳科学では、「聞く」と「話す」働きには、もっと複雑な過程が関わっているらしいことが分かっています。　たとえば、話す働きをするときに、ブローカ野が重要な役割をするのですが、ウェルニッケ野が何もしないかと言うとそうではなく、やはり重要な役割をしているようです。具体的に、脳内のアイディアがブローカ野で組み立てられる時に、その基本となる文の構成にウェルニッケ野が深く関わっているらしいのです。それだけではなく、脳の他の部分、右脳まで言語の理解、表現に関わっているようです。詳しく言語理論を紹介するのが本書の目的ではないので、単純化して説明してあります。

謝辞

この本を出版するに当たり、ご指導いただいた目白大学名誉教授谷田貝公昭先生、ご協力いただいた一藝社会長菊池公男氏、一藝社社長小野道子氏、筆者のわがまま・無理な要求にもかかわらずきちんとまとめていただいた編集者の本田いく氏に心より感謝申し上げます。

Acknowledgments

I hereby would like to express my sincerest thanks to my co-workers and friends for their dedication and cooperation.

Likewise, I am grateful to my Filipino staff: Ailyn, Monette, Patricia, Pie, Mish, Chell, Chessa, Ahlsan, Elizabeth and Julia.

Special thanks are due to all whose work, research and support helped me to write this book, including Rowena, Shiela, Christin and Sean.

And finally, I thank my Japanese members and friends, namely Jack, Derek, Daisuke, Shinichi, Natsuki and Kazuhiro.

※本人の希望により、ニックネームもしくはファーストネームのみの掲載といたします。

【著者紹介】

西方　毅（にしかた・つよし）

早稲田大学大学院教育学研究科

元目白大学教授、NPO キ・アフリカ代表

ASET 英会話スクール代表

【著書】

編著『子どもと生活』（子ども学講座 1 ）2010 年、一藝社

編著『保育の心理学Ⅰ・Ⅱ』（保育者養成シリーズ）2012 年、一藝社

他多数

装丁・DTP・イラスト・編集／本田制作所

【オンライン英会話スクール一覧】

A&A English	http://aa-english.com/
AmazingTalker	https://jp.amazingtalker.com/
ASET 英会話スクール	http://asetschool.com/
AYS　ENGLISH	https://www.ays-e.com/
BBT オンライン英会話	http://bbtonline.jp/
Beautiful English	http://www.b-english.org/first/
Cafetalk	https://cafetalk.com/
Cambly	https://www.cambly.com/english?lang=ja&referralCode=talk-sense&lang=ja
DEVELOP Language Institute	https://developlanguage.com/
DMM 英会話	http://www.dmm.com/pr/eikaiwa/compareaff/?utm_campaign=admg_7117_10504_229867_229953&utm_content=eikaiwa&utm_source=asp&utm_medium=asp
D's Speak	https://www.shinwa-agency.co.jp/ds/index.html
e-Atlas　オンライン英会話	http://www.atlase.net/
ECC オンラインレッスン	https://online.ecc.co.jp/
EDUBAL	https://www.edubal.net/
EF イングリッシュライブ	https://englishlive.ef.com/ja-jp/
Eigo Power	https://www.eigopower.net/
ENC with GNA	https://www.english-gna.net/
English For Engineers	http://englishforengineers.info/
ENGLISH POWER	http://www.englishpower.sakura.ne.jp/main/
English Talk	https://www.englishtalk.jp/
EnglishCentral　Langrich	http://www.langrich.com/
EWS スカイプ英会話	http://ewsskype.main.jp/info/information.html
e サラダ	http://e-salad.jp/
e 英会話	https://eeikaiwa.com/
Gaba マンツーマン英会話	https://www.gaba.co.jp/aboutgaba/online.html
GGE ぐんぐん英会話	https://www.gge.co.jp/
GLOBAL CROWN	https://www.global-crown.com/
Global Learning Center	https://www.benesse-glc.com/
Global Step Academy	https://www.gsacademy.com/online
GO!GO! えいご!	http://gogoeigo-online.net/
GSET	https://www.gset.co.jp/
hanaso	https://www.hanaso.jp/
hanaso kids	https://www.hanaso.jp/kids/
Hitutor	https://jp.hitutoracdm.com/index.php
KEC 外語学院	https://www.frgn.kec.ne.jp/
Kimini 英会話	https://glats.co.jp/
Live English	https://www.live-english.co.jp/
Mainichi Eikaiwa	https://www.mainichieikaiwa.jp/
MeeCoo	https://mee-coo.com/
My Koala Club	http://www.asahi-net.or.jp/~bv9h-ngi/index.html

My Online Teachers　　　　　https://skype.ace-school.com/
NOVA お茶の間留学　　　　　https://www.nova.co.jp/ochanoma/
NY 英会話　宇都宮　　　　　http://levermorehouse.com/
OLA　　　　　　　　　　　　https://www.onlinelanguageacademy.com/en/
One Step　　　　　　　　　　https://onestep-english.com/
One to One レッスン　　　　　http://one.v-english.jp/top.html
Phil Portal　　　　　　　　　https://phil-portal.com/
QQEnglish　　　　　　　　　　https://www.qqeng.com/
SEC スカイプ英語研修　　　　https://sec.acegaigo.com/index.htm
SIM 短期集中英会話　　　　　https://ace-school.com/sim/
Skype 英会話　イングリッシュポット　　http://englishpot.jp/
Spectrum　　　　　　　　　　https://spectrum-gunma.com/
ST オンライン TOEIC® L&R TEST　　　https://online-toeic.ace-school.com/
Sure English　　　　　　　　http://www.sure-eng.com/
S- レッスン　　　　　　　　　https://s-lessons.com/
Tomodachi-USA　　　　　　　https://www.tomodachi-usa.com/
Uniwords English　　　　　　https://uniwords-english.com/
Weblio 英会話　　　　　　　　https://eikaiwa.weblio.jp/
weknow　　　　　　　　　　　http://www.interstate.co.jp/
アイトーク・イングリッシュ　https://www.italkenglish.jp/
アイビーエル　　　　　　　　https://ivy-l.jp/　　　http://www.abc-academy.jp/
アッとイングリッシュ　　　　http://www.atenglish.com/
アットホーム英会話　　　　　http://www.athomeeikaiwa.com/
アルクオンライン英会話　　　https://eikaiwa.alc.co.jp/home
アルプロス　　　　　　　　　https://www.alpros.co.jp/
イーオン・オンラインレッスン：https://www.aeonet.co.jp/online/
イートック　　　　　　　　　https://etoc.work/
イープロオンライン英会話　　https://www.english-pro.asia/jp/
イーメソッド　　　　　　　　https://english-method.com/ja/Index.html
イングリッシュファーム　　　https://theenglishfarm.com/ja/home
イングリッシュエブリウェア　http://englisheverywhere.com/
イングリッシュソース　　　　https://www.english-source.com/
イングリッシュでゴー　　　　https://www.eng-go.com/sp/
イングリッシュでゴー　　　　https://www.eng-go.com/sp/
イングリッシュビレッジ　　　https://www.english-village.net/
イングリッシュベル　　　　　https://dme-method.com/?a8=o5a7254SMX_
　　　　　　　　　　　　　　ofbycTW6G6XTDlWTrFu8ydt_It0yrkDAgft_oKtTcit_
　　　　　　　　　　　　　　ohsktBPaRk5hyM3ap73.Yxs00000010569001
インターネット・イングリッシュ・アカデミー　　http://www.internet-english-academy.com/
インバウンド接客英語講座　　https://www.gift-english.com/
ウィリーズ英語塾　　　　　　https://williesenglish.jp/
えいごちゃん　　　　　　　　http://www.eigochan.com/
エイゴックス　　　　　　　　https://eigox.jp/
エイゴル　　　　　　　　　　http://eigoru.com/
エイムトーク　　　　　　　　http://www.aim-talk.com/

エース外語	https://sic-online.acegaigo.com/
エム	http://emu-talk.com/
エンジョイレッスン	http://www.enjoy-lesson.com/
おうちが学習塾　GROW ENGLISH	https://grow-fwd.com/?utm_source=English_talk_sense#
オーストラリアン・クラブ	https://www.100dreams.co.jp/au/
オリジン英会話	http://www.originedu.jp/
オンライン・ビジネス英会話のエース	https://bizen-online.ace-school.com/
オンライントーク	http://onlinetalk.jp/
オンライン英会話 OneWay	https://onlinelessononeway.wixsite.com/mysite/oneway
オンライン英会話エイゴ	http://www.online-eigo.jp/
オンライン英会話キーアイ	https://www.key-eye.net/
オンライン家庭教師の OHT	http://acegaigo.sakura.ne.jp/oht/
オンライン語学レッスン　イーコム	http://ja.myecom.net/english/
キッズスター★イングリッシュ	https://www.kids-star.jp/
クラウティ	https://www.cloudt.jp/
グリーンカフェ	https://greencafe.jp/ja/list/
グローバル・コミュニケーションズ・ランゲージスクール	http://www.globalcom-online-english-school.co.jp/?a8
コンソシオ	http://consocio.jp/
ジオスオンライン英会話	https://geos.jp/online/
スカイトーク	https://skytalk.co.jp/
スカイプ・de・イングリッシュ	http://www.skypedeenglish.com/
スカイプ英会話のエース	https://ace-online.ace-school.com/
スキマトーク	https://www.skimatalk.com/jp
スタディサプリ	https://eigosapuri.jp/
ストーリーシェアのオンライン英会話	http://storyshare-online.com/
スパトレ	https://sptr.jp/
スマイル英会話青森	http://smileeikaiwa.jp/
スモールワールド　オンライン英会話	https://www.sma-world.com/
セカイミー	https://sekaime.jp/
セナ・イングリッシュ	https://www.cena-english.com/
セブンプラス・バイリンガル	https://7plus-bilingual.com/
ティアレ	https://tiare-lesson.com/
テノリエイゴ	https://tenorieigo.com/
トークエイプラス	http://www.talkaplus.com/
トークモア	https://www.talkmore.jp/
トークライン	https://www.talkline.co.jp/
ドクター D イングリッシュ	https://dr-d.jp/
トピックタイム	https://www.topic-time.com/ja/
トライズ	https://toraiz.jp/
ドリームブライト	http://dreambright.jp/
ネイティブキャンプ	https://nativecamp.net/
のびのび英会話教室	https://www.nobinobi.co.jp/
ハグカム	http://www.hugcome.co.jp/

ハッチングジュニア	https://www.hatchlinkjr.com/
バリューイングリッシュ	http://valueenglish.com/
ハロー先生ドットコム	https://hello-sensei.com/
パロッツ君	https://www.parrots-english.com/
ピクト	https://pikt.jp/
ビズメイツ	https://www.bizmates.jp/
ビッグ・イージー	https://big-easy.jp/
ヒューマンアカデミーオンライン英会話	https://english-athuman.com/
ファミリーチューター	http://www.family-tutor.com/
プレミア英会話	https://www.premier-eikaiwa.com/
ベストティーチャー	https://www.best-teacher-inc.com/lp/ regular?a8=um8TvmNQPVh1Bk84NJ._nVIi4Vg9RGhiDJCldkhT51F QPV8mzVIeWnCQzVRd6dI.A1Eni78hzm8TMs00000013934001
ベストフォーワード英会話教室	http://www.best-forward.com/
ベルリッツ	https://www.berlitz.co.jp/
ほうかご English	http://houkagoenglish.com/
ボストン倶楽部	https://oe-boston.com/index.html
ホビートーク	http://hobbytalk.wte.jp/
マイスカイプイングリッシュ	https://www.myskyenglish.com/
マイチューター	https://www.mytutor-jpn.com/
ミライズ	https://merise.asia/
メティス学院	http://www.metis-ac.jp/e_online/
ユーフォン	http://m.uphone.jp/v2/ma03.asp?mrkcode=JPHIKAKU02
リアル英会話	http://www.real-eikaiwa.net/
リゾートトーク	https://resortkaigo.com/resort-talk/
リップルキッズパーク	https://www.ripple-kidspark.com/
リバティイングリッシュネット	http://www.liberty-english.net/
リンガルボックス	https://ja.lingualbox.com/
リンギン	http://www.ling-en.com/
レアジョブ英会話	https://www.rarejob.com/
ロゼッタストーン・ラーニングセンター	https://www.rosettastone-lc.jp/
ワールドアイキッズ	https://worldikids.com/
ワールドウィングスター	https://world-wingstar.jp/
ワールドトーク	https://www.worldtalk.jp/
ワンナップ	https://www.oneup.jp/
宇都宮イングリッシュセンター	https://www.uec-jp.com/
英会話ドリーム	http://www.eikaiwa-dream.com/
英会話の広場 Pinas Square	https://www.pinasacademy.com/?page=pinassquare
英会話パスポート	https://www.passport-eikaiwa.com/
英会話革命モーンパル！	https://mornpal.com/
英語アカデミー	http://www.eigo-academy.com/
英語でしゃべり隊クラブ　南の島	https://e-syaberitai.com/
英語の時間 英会話資格試験対策塾	https://www.eigonojikan.net/
英語村	https://www.cgv.jp/
英語多読アカデミア	https://et-academia.com/

英語道	https://www.eigodo.jp/
産経 Online 英会話	https://learning.sankei.co.jp/
初心者・中級者・小学生向け Pinas Tutor	https://www.pinasacademy.com/?page=pinastutor
初心者専門・SK オンライン英会話	https://ace-school.com/online/
進学心オンライン英会話	http://shin-gaku.com/
大人の英会話倶楽部	https://www.english-dialogclub.com/
発 on ライン	https://www.hatsuonline.com/
毎日英会話デイリーコール	https://www.d-call.jp/

【参考文献】

【文献】

酒井邦喜「チョムスキーと脳科学」2019、集英社インターナショナル

山鳥重「言葉と脳と心　失語症とは何か」2011、講談社現代新書

堀田凱樹, 酒井邦喜「遺伝子脳言語」2007、中公新書

茂木健一郎「読む、書く、話す　脳の活用術」2010、PHP研究所

生田哲「脳と心を操る物質 微量物質の働きをさぐる」1999、講談社

John Stirling "Cortical Functions" 2000 Routledge 苧坂直行・苧坂満里子訳「大脳皮質と心」2005、新曜社

Alvin Toffler "The third wave" Bantam Books. 1980 鈴木健次桜井元雄訳　「第三の波」1980、日本放送出版協会

【ホームページ】

「脳科学から見た効果的多言語習得のコツ」
https://www.jstage.jst.go.jp/article/ninchishinkeikagaku/11/1/11_1_23/_pdf
内言語機能（脳科学辞典）
https://bsd.neuroinf.jp/wiki/%E5%86%85%E8%A8%80%E8%AA%9E%E6%A9%9F%E8%83%BD
言語野（日本経済新聞）
https://xtech.nikkei.com/dm/atcl/feature/15/032300023/00008/
「聞くと話す」の脳科学 —脳における音声生成と知覚の間の相互作用— 日本音響学会誌73巻8号（2017）, pp. 509–516
https://www.jstage.jst.go.jp/article/jasj/73/8/73_509/_pdf
国際連合広報センター　加盟国と公用語
https://www.unic.or.jp/info/un/charter/membership_language/
英語活用実態調査（一般財団法人国際ビジネスコミュニケーション協会）
https://www.iibc-global.org/library/default/toeic/official_data/lr/katsuyo_2019/pdf/katsuyo_2019_corpo.pdf
小学生の脳の英語処理は音声から「言語」へ（首都大学東京）
https://www.jst.go.jp/pr/announce/20110223/index.html
音声から言語へ：小学生における異なる脳皮質言語処理　Sound to Language: Different Cortical Processing for First and Second Languages in Elementary School Children as Revealed by a Large-Scale Study Using fNIRS（Oxford Academic）
https://academic.oup.com/cercor/article/21/10/2374/330456
赤ちゃんの言語習得能力を脳機能イメージングで研究（慶應義塾大学院社会学研究科皆川（河合）泰代：Nature Careers）
https://www.natureasia.com/ja-jp/jobs/tokushu/detail/208
THE世界大学ランキング2020（高校生新聞online）
https://www.koukouseishinbun.jp/articles/-/5638
世界の留学生数と各国の海外留学生の推移（Mext：外務省）
https://www.mext.go.jp/component/b_menu/shingi/giji/__icsFiles/afieldfile/2012/08/30/1325118_3_1.pdf

ハーバードの外国学生　中国 921 人、韓国 305 人、日本は 107 人（ライブドアニュース）
https://news.livedoor.com/article/detail/14589272/
ケニア共和国（Republic of Kenya）基礎データ（外務省）
https://www.mofa.go.jp/mofaj/area/kenya/data.html
「英語教育の歴史的展開にみられるその特徴と長所」小川修平 盛岡大学紀要第 34 号 2017 年 3 月
盛岡大学
「現職英語教員の教育研修の実態と将来像に関する総合的研究」平成 12 年度科学究費補助金基盤
研究（B）12480055 研究成果報告書 .（共著）118-154 2001
世界の母語（外務省）　https://www.mext.go.jp/b_menu/shingi/chukyo/chukyo3/004/siryo/
attach/1379956.htm
世界の公用語（World Atras）　https://www.worldatlas.com/articles/the-most-popular-official-
languages-of-the-world.html
世界地図　https://www.freemap.jp/item/world/world1.html
オランダの学校教育
www.government.nl/issues/education/primary-education
米語 Wikipedia https://ja.wikipedia.org/wiki/%E3%82%A2%E3%83%A1%E3%83%AA%E3%82%A
B%E8%8B%B1%E8%AA%9E　（https://ja.wikipedia.org/wiki/ アメリカ英語）
イギリスの英語資格（オランダの英語教育）
https://www.britishcouncil.jp/sites/default/files/ees-reportstateprimaryschools-jp_0.pdf
ケンブリッジ大学英語検定機構
 https://www.cambridgeenglish.org/jp/teaching-english/teaching-qualifications/
松本亨 ラジオ英会話 http://snbrand.com/?p=2229
青年海外協力隊の語学訓練 https://www.jica.go.jp/volunteer/training_center/
ポケトーク https://pocketalk.jp/business/company-list
フィリピン情報（CIA）The world Fact book.
https://www.cia.gov/library/publications/the-world-factbook/geos/rp.html
フィリピン高等教育セクター（JICA）　https://openjicareport.jica.go.jp/pdf/12233011.pdf
フィリピン高等教育セクター（mofa）https://www.mofa.go.jp/mofaj/gaiko/oda/shiryo/hyouka/
kunibetu/gai/philippines/pdfs/sect05_01_03.pdf
フィリピンの教育統計データ　https://www.globalnote.jp/post-2721.html?cat_no=122
フィリピンコールセンター業（JETRO）　https://www.jetro.go.jp/ext_images/jfile/
report/05001229/05001229_001_BUP_0.pdf
フィリピン活動支援企業　https://www.soroptimistphil.org/
フィリピン基礎データ　https://www.mofa.go.jp/mofaj/area/philippines/data.html
フィリピン基本情報（Keynoters）https://keynoters.co.jp/philippines/
フィリピンの文化、生活 Philippines - Language, Culture, Customs and Etiquette : Commisceo
Global）
https://www.commisceo-global.com/resources/country-guides/phillippines-guide
フィリピン人の価値観　Filipino values（Wikipedia）https://en.wikipedia.org/wiki/Filipino_
values
フィリピン人看護師の状況（ロイター 2020/9/22）
https://jp.reuters.com/article/health-coronavirus-philippine-nurses-idJPKBN2681G8

本書は学術的な書籍ではないため、参考資料は一部を除き学術的な表記法に依らず、一般の方々
に分かり易い表記にしてあります。

どうして日本人は英会話ができないの？

2021 年 4 月 14 日　初版第 1 刷発行

著　者　西方　毅

発行者　菊池公男

発行所　株式会社一藝社

〒 160-0014 東京都新宿区内藤町 1-6
Tel.03-5312-8890　Fax.03-5312-8895
E-mail：info@ichigeisha.co.jp
http://www.ichigeisha.co.jp
振替　東京 00180-5-350802
印刷・製本　シナノ書籍印刷株式会社